THE教師力ハンドブックシリーズ

音読指導入門

アクティブな活動づくりアイデア

Masayoshi Yamada 山田 将由 著

明治図書

まえがき

　私が教師になったのは,母校である土堂小学校で音読の授業に出会ったからです。

　参観に伺った時に,階下まで音読の声が響いていました。教室では,伸び伸びと音読する子どもたちの姿に圧倒されました。人の成長の可能性に感動しました。

　この体験から,音読をすればすべてが上手くいくだろうと信じ,初任の頃から音読に取り組んできました。

　しかし,この思いとは裏腹に,やってみるとわからないことばかりでした。

　「どうやって読むのか？」「どうやって高めるのか？」「効果的な読み方とは？」「楽しい音読実践って？」「どんな教材がいいのか？」「読まない子がいる」「声が出ない」「継続するのがたいへん」「時間も余裕もなくてできない」と,悪戦苦闘の日々。それでも音読が子どもたちを成長させると信じて,ここまで続けてきました。

　子どもたちから学び,本を読み,セミナーに参加し,試行錯誤の中で,実践を積み重ねてきました。そして少しずつ理想の音読実践に近づいてきています。

　学び,考え,失敗し,改善する中で得た経験を1冊の本にまとめました。できるだけ短い時間で,簡単にでき,楽しく,そして効果のあるものを中心に取り上げました。

　ぜひ本書を片手に,教室での音読実践にご活用いただければ幸いに思います。

山田　将由

目　次

まえがき

第1章　子どものやる気と力を伸ばす！音読指導の原理原則

1　なぜ音読をするのか ― 8
2　音読による学級づくり・授業づくり ― 10
3　音読のよさを子どもに説明する ― 12
4　目的をもって始める ― 14
5　音読のポイント〜姿勢〜 ― 16
6　音読のポイント〜口形〜 ― 18
7　音読のポイント〜発声〜 ― 20
8　音読指導の手順 ― 22
9　1時間目の授業 ― 24
10　音読のスタートはお口の体操から ― 26
11　声を響かせる指導法 ― 28
12　意欲の高め方 ― 30
13　音読を継続して行うためのポイント ― 32
14　継続のための具体的な手立て ― 34
15　やりたくなる音読の宿題 ― 36
16　教材の選び方 ― 38
17　いつでも音読・なんでも音読 ― 40
18　音読のつまずきを克服するポイント ― 42
19　学年で取り組み，相乗効果を発揮する ― 44

20　音読の基礎技術 ―― 46

第2章　子どもたちに大人気！
音読指導アイデア　基礎基本編

1　「範読」で感化する ―― 50

2　「追い読み」で安心感をもってスタート ―― 52

3　音読を活気づける「交互読み」 ―― 54

4　子どもたちに大人気「たけのこ読み」 ―― 56

5　分けて盛り上がる「上句下句読み」 ―― 58

6　みんなと一緒に力を伸ばす「グループ読み」 ―― 60

7　心を1つに「点丸読み（句読点読み）」 ―― 62

8　短い時間で意欲を引き出す「速音読」 ―― 64

9　音読を高めるために音読以外にできること ―― 66

10　音読を高める「声かけ集」 ―― 68

11　身体的アプローチで音読力を高める ―― 70

12　体験的に音読力を高める ―― 72

13　自分事にするために人前で発表する ―― 74

14　音読の進化系「暗唱」 ―― 76

第3章　表現力＆発表力を高める！
音読指導アイデア　発展編

1　心を1つに「リレー音読」 ―― 80

2　目指せ「音読の達人」 ―― 82

3　真剣勝負で鍛える「音読選手権」 ―― 84

4　難しいほどやりがいのある「難読音読」 ―― 86

5　集中力を一気に高める「フラッシュ音読」 ―― 88

6　静と動で声を響かせる ── 90

7　音読を多様にする「変化読み」── 92

8　体の部分意識読み ── 94

9　経験値を高める「意識化読み」── 96

10　脳を活性化させる「動いて音読」── 98

11　発見が多い「ビデオ読み」── 100

12　「面白音読」で盛り上げる ── 102

13　試されることで力を引き出す「評価読み」── 106

14　「会話音読」で表現力を高める ── 108

15　演じて伸ばす「なりきり音読」── 110

16　音読の先にある「朗読」── 112

17　作品を鑑賞する ── 114

18　表現力を高める「記号音読」── 116

19　表現の幅を広げる動作読み ── 118

20　表現することが楽しくなる「群読」── 120

21　「発表会」で限界を突破する ── 122

22　協力して優勝を目指す「群読トーナメント」── 124

23　音読の祭典「読むー1グランプリ」── 126

24　人生を豊かにする百の詩 ── 128

あとがき

子どものやる気と力を伸ばす！
音読指導の原理原則

音読は学力の基礎基本です。そして学級づくりの軸となります。音読指導の意義と指導のポイントを確認しましょう。

1 なぜ音読をするのか

1 音読を軸とする授業づくり

初任から続けてきた実践が音読です。

学級経営,学級開き,授業参観,研究授業,そして日々の授業で音読を行っています。

日々の授業では,国語を中心として,社会や理科,算数,道徳など,音読できるものがあればどの教科・領域でも行っています。

「自分の強みは何か？」と聞かれたら,迷わず「音読」と答えます。それぐらい音読にのめりこんできました。

2 なぜ音読をするのか

音読実践を行う理由は,たくさんのよさがあるからです。東北大学の川島隆太教授の「前頭前野が鍛えられ地頭がよくなる」ということが有名です。

それ以外にも思いつくままに挙げてみても,次のようなよさがあります。

3 音読のよさ

・文章をスラスラ読めるようになる。

・読解力が高まる。

- 記憶力が高まる。
- 読書につながる。
- 語彙が豊かになる。
- 学習への構えができる。
- 誤読を発見し，訂正できる。
- 学力との相関関係が高い。
- 伝統文化に親しむことができる。
- レディネス効果がある。
- 音声表現の面白さや楽しさ，工夫に目が向く。
- 表現力が高まる。
- 行事に生かされる。
- 成長が形になる。自信につながる。
- 楽しい。
- 正しい方向にエネルギーを消費できる。
- 人の心を明るくする。人を元気にする。
- クラスに一体感がうまれる。学級文化が形成できる。
- 社会の中で音読のよさが見直されてきている。
- 保護者に好評。
- 同僚に受け入れられやすい。
- 短い時間でできる。
- 手間がかからない。
- 実践の種類が豊富。
- 実践を共有しやすい。
- 関連書籍や情報が豊富。

などなど，音読は宝の山です。

1 よさを1つだけ挙げるなら

音読実践を続けていると,「なぜ音読をするのですか」と聞かれることがあります。

その時は「声づくりによる学級づくり」と答えるようにしています。

音読により,クラスに活力と一体感が生まれてきます。私にとって音読は学級づくりに欠かせないものです。

また「学級づくり」と「授業づくり」は,「車の両輪」や「表裏一体」と言われます。音読による学級づくりは,そのまま直接授業づくりにも影響します。

2 音読により高め合うクラスに

高め合うクラスになるためには,聞き合う力・話し合う力がベースに必要です。

一部の子が発信し続け,一部の子は受信し続ける状態だと,自己関与度が低く,主体的な学びにはなりにくいものです。

「発表すること」や「自分の考えを述べること」に苦手意識や恥ずかしさを感じること,自信をもてないことがあります。

これらは,低学年の頃には見受けられ,学年が上がるごとに,その比率は高まる傾向にあります。

毎日音読することや，発信することを積み重ねる中で，自己表現のハードルを下げることができます。
　声を出す楽しさを実感することや，スラスラ読めるようになること，暗誦できるものが増えることで自信ができてきます。できることは「もっとやりたい」，「新しいことに挑戦したい」と思うのが人の心情です。
　音読に慣れてくると発表会を開催します。この経験が次につながります。
　声を出すことを常時化し，発表機会を設定することにより発信できる子が増えてきます。発信できる子が増える中で学び合い，高め合うクラスへと成長していきます。

3　授業でのやる気スイッチON！

　毎週やってくる月曜日の朝や，連休や長期休業明けの朝の授業へのモチベーションは低下気味です。
　モチベーションは待っているよりも，動き出すことによって生まれてきます。
　私のクラスは毎日，朝の会で1～20程度の詩を読んでいます。
　読み始めは声量は小さく，姿勢も崩れがちですが，終盤には声量も増え，活気が出てきて学習への構えができたことを感じられます。
　朝の時間に少しの音読を取り入れることにより「家庭モード」を「学校モード」に切り替えることができます。

③ 音読のよさを子どもに説明する

1 意図，価値を説明する

(1) 説明することで意欲を高める

「ただ音読をやりましょう」ではなく，「○○のために音読をやりましょう」と，意図や価値を伝えることにより学習効果が増します。

特に高学年では，「なんで音読をしなければならないの」「めんどくさい」「恥ずかしい」「意味がない」など，必ずしも音読を好意的に捉えられない場合があります。

説明をしなくても体験から音読のよさを実感できることもありますが，「体験」に加えて「知識」としても音読のよさを伝えることで，子どもたちは，より意欲をもって音読に取り組めるようになります。

(2) 時期をみて説明する

「いつやるのか，今でしょ」の言葉が流行語大賞を受賞したように物事にはタイミングが大切です。

説明のタイミングは，いつやるのか，それは音読のよさをある程度実感できてからです。

最初から説明しても興味をもって聞けませんし，理詰めで説いても窮屈な感じがします。音読すると気持ちがいい，音読が上手になってきた，どうして毎日やるのだろうなど，関心が高

まってきた時に説明すると，入りやすくなります。

2　説明の仕方

(1)　基礎学力って何

　「学力は全部で３つの階層に分かれます。目指すところは『世のため人のため自分のために自ら考え行動する生きる力』。それを支えるために学校では『国語や算数などの教科学力』。そして，さらにそれの土台となる『基礎学力』があります。

　さて，基礎学力とは何でしょう。これは今も昔も，日本でも外国でも変わりません。古今東西変わらない力です。

　基礎学力とは『読み・書き・計算』です。この３つの中でもっとも大切なのは何でしょう。一番目の『読み』です。

　『読み』とは何かというと，音読のことです。１年生から音読をやってきましたね。宿題にも出ましたね。それは，音読が基礎学力の中でもっとも大切だからです。

　日本は世界の200か国近くある国々の中で，なんと３番目に経済的には豊かです（2012年のＧＤＰ）。その理由の１つに日本では，『読み書き計算（そろばん）』を昔からずっと行ってきたということが挙げられます。

　音読をする中で，どんどん賢くなります。

　１年間音読に取り組んで力を伸ばしていきましょう」

(2)　どんな力がつくと思いますか

　こちらから価値を話すのも手ですが，逆に「どのような力がつくか」を出させる方法もあります。自分たち自身で音読の価値を考える機会になり，意欲へとつながります。

④ 目的をもって始める

 ## 1 ゴールを意識する

　レンガを積んでいる職人さんたちに,「何をやっているのですか?」と声をかけました。一人は,ぶっきらぼうに「見ての通り,レンガを積んでいる」と答えました。もう一人は希望に溢れた顔で,「もう少しでここに,大聖堂が建つんですよ」と答えました。

　何の目的もなくレンガを積んでいるタイプと,目的を意識しながらレンガを積むタイプと,どちらのタイプがよりよい成果を生み出すのでしょうか。それは後者のほうです。

　音読でも,ただ音読するよりも,目的を意識することが大切です。前述の音読のよさを学級の実態に合わせて伝えておくことで,得られるものが増えます。

 ## 2 ポイントを意識する

　音読の効果を高めるために,音読のポイントを明らかにし,意識して音読を行います。

　『音読で大切なポイントは何ですか。ノートにできるだけ多く書きましょう』

　「大きさ・発声・笑顔・表情・姿勢・ハキハキ・気持ち・元気・明るく…」など,様々なポイントが出されます。

『班で聞き合います。そして，これは大切だと思うのを１つ選んでください』
　「この前先生が元気よく読みましょうっていっていたよ」「大きい声かなあ」「そうだね。僕も大きく読みたい」
　音読に関しての会話が生まれます。こうした話合いを設けると，漠然としていた音読にもコツがあるのだということが意識できるようになります。
　『いいなと思うものに手を挙げます。一人３回手を挙げることができます』（※１）
　「３つも選べるの？　何にしようかな」「どれも大切だー」
　『一番多かったのは「はっきり」です。それでは「はっきり」を意識して読みましょう』（※２）
　「ただ読む」から「めあてをもって読む」ことで，音読の質が高まっていきます。話し合った音読のポイントは掲示しておき，折に触れて声かけをします。

※１．挙手の回数は多めにする。
　１つ決めるときは３回，３つ決めるときは５回など，決める数よりも多くの回数手を挙げるようにします。より多くの票が集まり，自分が選んだ気持ちが高まります。

※２．自己選択が意欲を生む。
　ポイントに不備が感じられても追加は極力避けます。数回行うことで洗練されてきます。繰り返しても高まりが見られない時は，合意をもとに教師の考えるポイントも追加します。

 音読のポイント
 ～姿勢～

1　音読と朗読の違い

「もっと元気よく読みましょう」「句読点では間をとりましょう」「感情をこめて読みましょう」「相手を意識しながら読みましょう」など，音読の指導は多岐に渡ります。

どれも大切です。しかし，あれもこれもと欲張りすぎると，何を意識すればよいのかがわからなくなってしまうこともあります。

ポイントを絞って，まずはコアスキルを中心に指導します。その際，音読と朗読を分けて考えると，段階的に指導ができます。

「音読」は，正確・明晰・流暢（正しく・はっきり・すらすら）を目標とします。整った美しさを求めます。

「朗読」は，音読の目標に次を加えます。「作品の価値や特性を音声で表現すること」。巧みさや芸術性を求めます。

2　音読の3つのポイント

音読の3つのポイントは「姿勢」「口形」「発声」です。その中でも「姿勢」が基本となります。よい声を出すには，それにふさわしい姿勢をとらなくてはいけません。

まずは姿勢を正し，胸郭を大きく広げられるようにしてから，

発声，口形を意識していくようにします。

3 姿勢のポイント

(1) 基本の姿勢

　立った状態でも座った状態でも，基本は次の4点です。
　① 両足の裏をぺったり床につける。
　② 腰骨を立てる。
　③ 肩ははりすぎずリラックス。
　④ あごを少し引く。

(2) 姿勢の意味

　「姿」は見た目，「勢」は内面です。まずは基本の姿勢で「姿」を整えます。そして，「心を落ち着かせる」，「自分の力をいっぱいにはたらかせよう」など，気持ちにも意識を向けるようにします。

(3) 見て読む時

　手元で見ながら音読する場合は，両手で持ち，目の高さまであげるようにします。片手で持ったり，目の高さより低い位置に視線を向けたりすると，視線が崩れます。
　拡大した掲示ができるのであれば用意します。

(4) 両手を使わない場合

　両手を使わない場合は両手を後ろで組むようにします。手遊びを防ぎ，集中力を増すことができます。

 音読のポイント ～口形～

1　声量ｖｓ口形

「もっと元気に読みましょう」「大きな声でサンハイッ」など，声量に関する指導は大切ですが，声量は個人差があります。声の大きい子，小さい子の差が歴然としていることもあります。

一方，口形は声量に比べて改善がされやすく，どの子でも活躍するチャンスがあります。口形を意識することは明瞭な発声につながります。声量を高めると同じように，口形をはっきりさせることも前頭前野への刺激を増やし，地頭を鍛えることができます。まずは口形に力を入れます。

2　口形のポイント

(1)　五十音

五十音を１文字ずつ読みます。しかし単純に「あいうえお　かきくけこ　さしす…」だと飽きてしまいます。「あいうえお　いうえおあ　うえおあい　えおあいう　おあいうえ」や「あえいうえおあお」など五十音をアレンジしたものや，「いろはにほへとちりぬるを…」のいろは歌，『五十音』（北原白秋），『あいうえおの歌』（新井竹子），『がぎぐげごの歌』（まどみちお）など，五十音に関係する詩を取り入れると繰り返し音読できます。

(2) **口の形を意識**

「あ」指が縦に３本入るくらい開きます。

「い」口角を耳元へ引き上げます。

「う」唇をすぼめて，やや前に突き出します。

「え」「い」よりも少々口を開き，舌を下歯茎につける。

「お」口の中に大きな空間をつくる感じ。

基本的な形を折に触れて確認するようにします。

(3) **無音から始める**

① 口をしっかり動かし，声を出さずに読む。

② 口をしっかり動かし，微音で読む。

③ 口をしっかり動かし，大きな声で読む。

段階を踏むことにより，口形が意識できます。

(4) **Ａ音を意識**

母音のＡＩＵＥＯの中で，Ａ音がもっとも発声しやすい音です。そこで，Ａ音を意識して声を出すようにします。

「おはようございます」

「ありがとうございました」

短い言葉で練習した後は，長い文にも挑戦します。

(5) **母音法**

すべてを母音のＡＩＵＥＯに変換して読みます。

「おはようございます」

→「おあおうおあいあう」

「むかし，むかし，あるところにおじいさんと…」

→「うあい，うあい，あうおおおいおいいあんお…」

7 音読のポイント ～発声～

1　発声法の要は呼吸

通常，私たちは「胸式呼吸」を行っています。胸式呼吸は息を取り込める量が多くありません。一方，「腹式呼吸」は一度にたくさんの息を取り込めます。

吐く息が，声帯を振動させることで音声になります。正しい呼吸により多様な音声表現ができるようになります。

余談ですが，腹式呼吸には，緊張緩和，脳の活性化，便秘解消など多くの効果があります。

2　発声法のポイント

(1) 呼吸を意識

両足を肩幅に開いてリラックスして立ちます（吸う時はヘソの下２～３センチ（臍下丹田）を膨らませます。吐く時は，おヘソからすぐ上にげんこつを１つ分置いたところあたりをへこませます）。

「口から」息を吐ききったら，「鼻から」胴周りが酒ダルのように膨らむイメージで思い切り息を吸います。お腹に指をあてて，動きを確認します。

(2) 「吸って吐く」＜「吐いて吸う」

呼吸は，字の通り「呼気」が先です。しっかり吐けばたっぷ

り吸えます。吸う時は，鼻を意識することで，呼吸音やリップノイズが入るのも軽減できます。

(3) 3つの発声法

　チェストボイス（低音）…胸のあたりに口があるつもりで，胸に響かせて発声します。

　ミドルボイス（中音）…鼻頭から目と目の間に口があるつもりで，斜め上方に向かって発声します。

　ヘッドボイス（高音）…頭のてっぺんに口があるつもりで，大きな放物線を描くように発声します。

3　発声のトレーニング法

(1) 腹筋の力を鍛える

　「スーッ」と音を立てて息を吐きます。息を吐いたら腹筋が固まります。固まったら，息を吸うのではなく，腹筋をゆるめます。ポイントは「息を吸わない」で，「腹筋をゆるめる」ことです。

(2) 一息法

　お腹に手を当て，へこませるように押しながら，声の出る限り読みます。限界になってから大きく吸うと，自然と腹に息が入ります。これを繰り返すと，腹式呼吸のコツがつかめます。

(3) 音当て

　人差し指を立てて手を伸ばし，指先に音が当たるように音読をします。まずは「フッフッフッ」と息を当てることから始めると，音を当てるイメージをもつことができます。

音読指導の手順

 1 基本的な流れ

(1) 範読

　先生が読みます。読めない字や，意味のわからない言葉にチェックをします。

(2) 追い読み

　先生の後に続けて，子どもたちが読みます。

(3) 個人読み

　個人で読み，範読で気づかなかった「読めない字や，意味のわからない言葉」にチェックをします。

(4) 語彙調べ

　辞書を使って言葉を確認します。

　まずは，個人で行い，次に小グループで教え合う時間を取ります。小グループでも解決できなかったことは全体の場で取り上げます。

　教科書音読では語彙調べの時間を取りますが，詩やフラッシュ音読など，繰り返し読む中で理解できる場合や，リズムを楽しむ場合は省略します。

(5) 個人読み

　語彙を確認した上で，もう一度読んでみます。読めない箇所があれば再度チェックします。

(6) グループ読み

声を揃えて読んだり，句読点で交代して読んだり，順番に一人ずつ発表したり，グループで読み合います。

読み間違えがあれば直します。

(7) 一斉音読

全員で読みます。声を揃えることで一体感が得られます。

 ## 2　状況に応じてテンポよく

学級の状態や扱う教材によって，それぞれの時間配分が異なります。流れの中で省略できるものもあれば，繰り返す必要があるものもあります。状況に応じて調整します。

ポイントは「テンポよく」です。短いぐらいの時間で次々と行うことで，集中して学習を進めることができます。

 ## 3　とりあえずやってみる

「どのタイミングで始めたらいいのか」「いつやるのがいいのか」「どの教材が優れているのか」「事前準備では何が必要か」「価値を伝えるタイミングはいつがいいか」などなど，始めるにあたって，いろいろと考えることがあります。

音読は「とりあえずやってみる」が一番です。やりながら修正します。例えば，「声が出ない」と感じれば，声を出す手立てを考えます。

先回りして考えすぎて動けないよりも行動しながら考えたほうが，より多くの経験知を手に入れることができます。

1時間目の授業

 1 何を授業開きに行うか

1時間目の授業では難度の高いものに取り組みます。難しいものができるようになることで，成就感や向上的変容を体験として得られます。成功体験による自信とやる気をもって音読の学習をスタートできるようにします。

音読教材は，朱熹の『偶成』の白文がお勧めです。難度，語感がよく，長さ，内容も適当です。

 2 1時間の流れ

(1) 導入

『偶成』の白文を拡大したものを掲示し，「読める人？」と尋ね，「読めないこと」を意識化させます。

(2) 範読

「先生がお手本で読みます」

(3) 追い読み

「先生の後に続けて読みます」×2

(4) 交互読み

「1行ずつ交互に読みます。最初は先生が先です」×2

(5) 交互読み2（男女読み）

「次は男女で1行ずつ読みます。最初は男子です」×2

(6) **斉読**

「全員で全文を読みましょう」

(7) **一人読み**

「1分間個人で練習します」

(8) **暗唱**

「覚えられる人は覚えてしまいましょう。あと1分間練習します」

(9) **価値づけ（※省略する場合もあります）**

音読の説明　読み・書き・計算の基礎学力について

(10) **ペア音読**

「お隣の人と一緒に練習しましょう」

(11) **ペアで発表**

「発表できるペアの人いますか？」

(12) **個人で発表**

「一人で発表できる人いますか？」

(13) **斉読**

「最後に，今日の中で一番の音読をしましょう。全員で全文を読みます」

(14) **まとめ**

「いい音読でした。ぜひ家の人にも聞いてもらってください。はじめは誰も読めなかったけど，一緒に勉強すると読めるようになりましたね。大人でも難しい漢詩の白文を立派な声で読めました。今日のように勉強すればどんどん力がついていきます。成長していきます。1年間，がんばっていきましょうね」

 音読のスタートはお口の体操から

1 最初にやると効果的

日々の音読を始めるにあたって大切なことは「お口の準備運動」です。

体育を始める時の,「体の準備運動」と同じです。準備運動により,学習効果が高まります。

2 「気長に待つ」という心構え

朝一番や休み明けは声が出にくく,音読への気分ものりにくいものです。子どもたちは「ダルイ」とか,「めんどくさい」という気持ちになっています。そのような時に「もっと声を出しましょう」と叱咤激励すると,声が出るようになるどころか逆効果になることもあります。声を嫌々出させる中で,音読嫌いの子が育ってしまう可能性もあります。

「お口の準備運動」という考えをもつことで,「最初から大きな声を出さなくてもいい」と思えます。「準備運動だから」と,気長に待てます。

無理に高めなくても,音読を数分間続けていると次第に声が出るようになります。それは,脳には「作業興奮」というやる気スイッチがあり,簡単な活動をしているとやる気が出てくる仕組みがあるからです。

3 おすすめの「お口の運動」

　「気長に待つ」と言っても，時間は有限でいつまでも待ってはいられません。時には，「待つ」と同時に「仕掛ける」ことも大切です。

(1) 早口言葉

　噛むと笑いが生まれ，緊張がほぐれます。言い切れると昂揚感を得られます。場を温めるのにも役立ちます。

　滑舌の訓練にも役立ちます。音読のポイントである口形にもつながります。3回連続して読むと効果的です。

　「隣の客はよく柿食う客だ」
　「お綾や，八百屋にお謝り」
といった古典的なものから，
　「魔術師が派出所で摘出手術」
　「右耳にミニニキビ」
　「地図帳でチェジュ島さがし」
など，様々なものがあります。インターネットで検索すると様々な早口言葉を見つけることができます。

(2) 五十音の速音読

　「あえいうえおあお　かけきくけこかこ…」
　「あかさたなはまやらわ　いきしちにひみいりゐ……」
　「あらえれおろ　からけれころ　さらせれそろ　た……」
など，母音が意識できるものをとにかく速く読みます。その時のポイントは口の形です。

　脳が刺激され，やる気スイッチがＯＮになります。

⑪ 声を響かせる指導法

 1 声を響かせる工夫

小さい声よりも大きい声のほうが学習効果が高くなります。声量を高める指導を継続的に行います。

「声を出しましょう」「もっと大きな声で」「聞こえません」などの声かけで声量は高まります。

しかし，直接的な指導は反発されることがあります。また「言われたから（しかたなしに）する」という活動になってしまっては意欲の低下につながります。

「知らず知らずのうちに声が出てしまっていた」となる音読実践をもっておきましょう。

 2 声を響かせるために

(1) スケール読み

「今，みなさんが読んだ声の大きさをレベル２とします。今の半分の大きさがレベル１です。そして，力いっぱいの声がレベル３です。１段落はレベル１，２段落はレベル２，３段落はレベル３の声の大きさで読みましょう」

スケール（尺度）を示すことにより，声量を意識して調整できるようになります。

⑵　的当て読み

　「先生の手の平は実は大きな声が当たるとへこみます。先生の手の平に向かって音読しましょう」

　片方の手の平を子どもたちに向け，声量が強くなった時に手の平を後ろに引きます。的があることにより，声を届けようという意識が高まります。

　弱いと思えば「首をかしげる」，すごく強くければ「後ろによろける」などのパフォーマンスを入れると盛り上がります。

　手の平でなくても，黒板に磁石や掲示物で的を作り，「的に向かって読みましょう」とするだけでも効果があります。

⑶　声のキャッチボール

　「ペアになります。向かい合って句点で交代しながら読みます。相手の声が聞こえたら，少し距離をあけます。距離をあけたら読みます。聞こえたら離れます。このように『読む』『聞こえたら離れる』を繰り返します。聞こえなくなったら近づきます。大事なポイントは，キャッチボールなので『相手に届けること』です。どこまで離れて読めるか挑戦してみましょう」

　体育館や校庭など広い空間で行います。

　ペアと距離を取り合うことで，声量が引き出されます。

　個人同士のペアが難しければ，２人組や４人組から始めます。

⑫ 意欲の高め方

1 「十人十色」

音読が得意な子もいれば、苦手な子もいます。意欲をもって取り組む子もいれば、反発する子もいます。全員を巻き込んでいくのは一朝一夕にはいきません。

「価値を伝える」「楽しい実践を用意する」「音読の気持ちよさを味わってもらう」など、様々なアプローチを行います。

「2:6:2の法則」があり、どのような組織でも、賛成2割、どちらでもない6割、反対2割という比率ができるようです。

最初にはたらきかけるのは賛成2割です。そして、どちらでもない6割も巻き込んでいきます。次第にクラスの雰囲気が音読モードへと変わっていきます。

2 モチベーションリンク

リンクアンドモチベーションの小笹芳央さんは、意欲はWANT, CAN, MUSTのそれぞれの重なる部分が大切だと述べています。

(1) WANT

好きや楽しい要素を追究します。

教育とは価値ある強制ですが、ただやりなさいでは上手くい

きません。

　様々な音読実践を用意し，実態に応じた指導を行います。

　例えば，音読を高めた後，群読や朗読実践の流れが一般的ですが，最初に群読を行い表現する楽しさを味わわせてから音読に入るという方法もあります。

(2) CAN

　いつも満点をとっていて算数を嫌いにはなりにくく，英語がペラペラで英語が苦手という子はいないと同じように，音読が得意な子で音読嫌いの子はほとんどいません。

　「できないこと」・「わからないこと」は，つまらない。逆に「できること」・「わかること」は，自信があり，難しいことにも挑戦しようとする意欲につながります。

　「いくつもの詩を暗唱できる」「長い詩を暗唱できる」「スラスラ古文が読める」「漢字の白文が読める」など，できることが増えることで意欲の向上につながります。

(3) MUST

　「音読テストがある」「音読コンテストがある」「授業参観や研究授業で多くの人の前で発表する」「他の学年と交流する」など，イベントを設定することで目的意識が高まり，よりよいものにしたいという意識が高まります。

⑬ 音読を継続して行うためのポイント

 1 「継続は力なり」

「指導しなくても十分な声量で音読ができる」
「音読することが当たり前で抵抗がない」
「元気な声を出すことは気持ちいいとわかっている」
「音読をしないと何か気持ち悪い」
「行事の時に音読に関する内容をしたくなる」
「普段の発表に音読学習が生きている」
「気がつくと口ずさんでいる」
「短い時間で暗記ができる」
「長い詩も苦なく覚えている」

音読が習慣化してくると，様々なよい変化が生まれます。

数回でも取り組むことや，期間限定で行うことでも効果はありますが，日々継続することで習慣化されてきます。軌道に乗ってくると音読から得られる効果をさらに引き出すことができます。

 2 人は「飽きる」生き物

最初成功したからといって，次の成功が確約されたわけではありません。特に音読は，次の日になるとリセットされたかのような退行現象が見られます。

当初は出ていた大きな声が次第に小さくなることもあります。集中力が低下し，適当に時間を過ごそうとする子が出てくることもあります。

　継続を試みた時に立ちはだかるのは「飽き」という壁です。人は「飽きる」性質をもっています。目新しかったものも続けていくと意欲をかきたてられなくなります。

　「飽きる」「手立てを講じなければ退行する」ということを認識することがまずは大切です。

　このことを踏まえて，様々な実践を用意します。

3　200回の壁

　脳科学の研究によると人の習慣化には「200回」行うことだそうです。学校は大体200日ぐらいなので，1日1回だと1年かかります。

　そこで，少しの時間を1日の中で何度もとるようにします。授業の最初に1〜2分音読の時間をとります。すると，1日5回，2か月ぐらいで習慣化できるようになります。

　こうした目安があると，見通しをもって取り組めます。

4　様々な実践を用意する

　「様々な教材を用意する」「様々な読み方を行う」など，実践をストックしておきます。飽きていることやつまらないことを強制させていると反発を生みます。

　様々な読み方は第2章以降で紹介します。

⑭ 継続のための具体的な手立て

1 継続のシステムづくり

子どもたちが音読の習慣を身につけるためには、システム化が早道です。継続のための音読指導のシステムやコツを紹介します。

2 オートメーション化

音読が慣れていないうちは毎回の導入に手をやきます。

「音読をしましょう」のあとに「えー」という声が聞こえてくると心が折れそうになります。

導入コストを下げるためには、自動的に開始できるシステムづくりが効果的です。

音読のスタートを先生の指示ではなく、何かのタイミングにします。

例えば、朝の会の内容に組み込むことや、国語や社会の授業は音読で開始と決めてしまいます。

朝の会であれば、私のクラスではまず2分間心を静かにする時間をとっています。2分経ったらタイマーが鳴ります。タイマーが鳴ったタイミングで音読が始まります。読む詩や、読む教科書の範囲を指定しておき、先生がいてもいなくても音読が始まります。

やる時もあればやらない時もあるだと，「今回はどちらかな」という迷いが出て，始まる時にエネルギーを使います。やるかやらないがあやふやだと日々の忙しさの中で省略され，そのまま消えてしまうことにもなりかねません。

3　必ず毎時間やる

　人をほめるにはコツがあります。
「ポジティブメガネをかけていいところを探そう」
「いいところを見つけたら名簿に書いて，名簿を見て全員が埋まるかチェックしよう」
など，様々なほめ方の方法はありますが，強力なのは「会ったら必ず1つほめると決める」ことです。「ほめないこと」に言い訳ができなくなります。

　これと同じように，1時間の授業の中で必ず音読をすると決めます。そうすると「めあてを読もう」「まとめを読もう」「問題を読もう」と音読の材料が見つかります。

4　ゴールを示す

「前期はこの詩集を読みます」
「今月はこの物語を読みます」
「音読発表会に向けて練習します」
　ゴールを示すことによって，見通しがもてます。終わりがあるから，今をがんばることができます。

家でも音読

　学力は学校でつけます。音読の力を育むのは学校です。それに加えて，家庭でも学習できたり，保護者の協力を得られたりすると，鬼に金棒，虎に翼です。

　しかし，音読の宿題は，軌跡が残らないことや，家庭の都合もあるため，「実際はせずとも，音読した」とされる場合があります。

　家でも読みたい，読まなければという思いになるしくみづくりを紹介します。

(1) 発表会に向けて準備する

　音読発表会を継続して行います。最初の発表会で優れた音読をした子にインタビューをすると，「家でも練習してきた」と答える子がいます。活躍の陰に家での努力があることを知り，「次の発表会に向けて僕も家で練習しよう」という意欲がもてるようになります。目的意識や練習の成果を発揮する場を用意することで主体性が生まれます。

(2) 関所を設定する

　音読テストを行います。「間違えない」「間をしっかりとっ

て」「会話文と地の文の違いを意識」など課題を出しておき，できていないと不合格となり，再テストになります。

　テストを機能させるために，備忘録として合格者には教科書に合格印を押すことや，より多くの受験ができるように合格した子を試験監督にする工夫があります。

⑶　音読カードの工夫

①　範囲を決める

　宿題ができない原因に「読む場所がわからない」があります。１ヶ月間分の読む範囲の入った音読カードを作成します。

　教科書の範囲を指定する際は，その時に学習している範囲でなくても構いません。２週間ごとに新しい教材にします。教科書の学習進度よりも早く音読が進んでいると，単元に入った時には読めるようになっており，読解の理解度が増します。

②　読むポイントを絞る

　「姿勢」「口形」「間」「張りのある声」「速さ」など，たくさんの観点のある音読カードでは手間がかかります。

　「スラスラ，姿勢，口形の３つができたら丸」のように３つ程度の観点を１つに示したり，「四の場面は楽しい雰囲気で読む」と場面ごとに観点を示したりするなど，シンプルに振り返りができるようにします。

③　速音読

　読んだ時間を記録することで成長の実感ができます。111ページの人生最良音読とセットにするといいでしょう。

⑯ 教材の選び方

1 「音読したい」という本能

『声に出して読みたい日本語』（齋藤孝，草思社）がベストセラーとなったように，教材がよければ声に出して読みたくなります。

素敵な作品に出合うと，休憩時間や，行き道や帰り道，家でもつい口ずさみます。

子どもたちが読みたくなる作品，伝えていきたい作品の特徴は次のようなものがあります。

2 声に出して読みたい教材

(1) 古典

昔から語り継がれてきているものは不易のよさがあります。百人一首や，有名な文学作品の冒頭部分，漢詩，古文など。

(2) リズムがある

七五調や五七調，脚韻や繰り返しのある作品。
脳に入りやすく覚えやすい。

(3) イメージしやすい

情景描写が詳しく書かれているもの。

『大阿蘇』（三好達治），『半神』（野田秀樹）など。

(4) おもしろい作品

　早口言葉や『道』（アントニオ猪木），「『男はつらいよ』の口上」（星野哲郎），『あたまんなからっぽ』（じんぺい），『うんこ』（谷川俊太郎），『おならはえらい』（まどみちお）など，独特の文体や子どもの好きなキーワードが入っているものは人気です。勝手に読み始めます。

(5) 知らない言葉がある

　理解できない言葉は，子どもたちにとって魅力のある言葉です。

　『数の単位』『二十四節気』など。

(6) 有名な作品

　一時期テレビＣＭで繰り返されていた『こだまでしょうか』（金子みすゞ）や『行為の意味』（宮澤章二），テレビ番組で繰り返されていた『寿限無』，有名人の作文やスピーチなど，馴染みのあるものは興味をもって音読します。

(7) 長さが適当

　最初は短めで，慣れてきたら長いものにも挑戦します。

　長い詩や物語でも，一連だけを抜き出したり，一部分を切り出したりすれば短くできます。

⑰ いつでも音読・なんでも音読

 1　どのタイミングが最適か，どの教材が最適か

「いつ音読するか」「どの教材が適しているか」と考えるよりも，「音読できない時間はあるか」「音読できないものはあるか」の視点で見ると，音読の機会は無数に転がっていることに気づけます。

例えば，音読の時間では次のようなものがあります。

・教室の入り口に詩や諺が書いてあり，通るたびに音読
・朝の会のスタートは音読　・授業準備ができたら音読
・授業の最初は音読　・問題文を音読
・板書を音読　・リフレッシュとしての音読
・休憩時間や給食の準備時間は暗唱テストに挑戦
・詩を音読してからさようなら

など，様々なタイミングで音読ができます。

 2　おすすめなんでも音読教材

(1)　教科書

国語の教科書に限らず，すべての教科書で音読します。

授業で行っている単元だけでなく，先の単元の音読もおすすめです。レディネス効果が期待できます。

(2) **詩集・音読集・群読集**

本屋だけでなく，図書室や図書館でも手に入ります。

(3) **漢字**

漢字ドリルの短文や国語の教科書の下に書いてある漢字など，一定の量があるものを一気に音読します。

(4) **教養シリーズ**
・都道府県，県庁所在地，政令指定都市の区，国名
・難読漢字，四字熟語，諺，格言，十訓
・十二支，十干，旧暦，五行，二十四節気，百人一首
・日本国憲法，教育基本法
・有名な俳句，短歌，古文，漢詩，作品の一部，スピーチ
・絵画の作品を見せ画家と作品名　・英文　など

(5) **作文音読**

書き上げた作文を音読します。推敲として有効ですし，発表機会を設定すると書く意欲も高まります。書いた直後よりも，次の時間まで預かり渡したほうが抵抗なく読めます。

(6) **問題文**

課題図書，市販のテキストや問題集，過去問など，読みづらい内容の文章を最後まで読み取ります。設問も読みます。音読目的の場合は，問題を解かなくても大丈夫です。

⑱ 音読のつまずきを克服するポイント

1 活動から学習活動へ

「学習活動」とは、目的をもち、それを解決しようと努力する活動のことです。無目的だとただの「活動」です。

音読を学習活動にするためには、「何を指導するべきか」「どのように指導するべきか」を認識する必要があります。

2 つまずきのポイント

子どもの音読には、様々な問題点があります。1つだけでなく複数関係していることもあります。代表的なものは次の読み方です。

・飛ばし読み（文字を抜かして読む）
・つくり読み（言葉をつくって読む）
・拾い読み（文字を途切れながら読む）
・つかえ読み（不適切なところで句切って読む）
・戻り読み（一度読んだところを繰り返して読む）
・早口読み（早すぎる速度で読む）
・大げさ読み（オーバーな調子で読む）
・平坦読み（文脈を考慮せず、一本調子で読む）
・癖読み（独特の抑揚をつけて読む）
・はね上げ読み（文末や文節を伸ばして読む）

・弱々しい読み（聞き取れない声で読む）
・ぼそぼそ読み（口を動かさず読む）
・ためらい読み（途中でためらいながら読む）
・滑舌（舌が回らず読む）
・読めない（文字・言葉の意味がわからない）

3 指導のポイント

つまずきごとに指導方法は異なります。一般的な対処法は次の通りです。

(1) **具体的なモデルを示す**

「もう少しゆっくり読みましょう」と批判するだけでは、望ましい音読のイメージがもてません。教師が具体的なモデルを示すことで、読み方が変わってきます。

(2) **範囲を狭くする**

数ページ練習するのだと一読だけでひと苦労です。まずは数行の狭い範囲で繰り返し練習を行うようにします。

(3) **間違った箇所を練習**

ひっかかるところは何回もひっかかる傾向にあります。そこを摘出して手当てを行います。

(4) **事実と誤読を比較する**

「『太郎は』と『太郎が』はどう違いますか」。脱字や置き換えの誤読を取り上げて、言語感覚育ての指導として活用します。言葉への関心を高めます。

(5) **学級の雰囲気づくり**

どの子も安心して音読できる雰囲気が必要です。

⑲ 学年で取り組み, 相乗効果を発揮する

 1　1＋1が2よりも大きく

「簡単に意欲を高め,音読レベルを高めるコツ」は学年で取り組むことです。

隣のクラスから音読の声が響いてくると,それだけでやる気スイッチが押されます。

「姿勢を意識しましょう」を100回言うよりも,同じ学年の友だちができている姿を1度見たほうが効果があります。「百聞は一見に如かず」です。見ればそれだけでレベルが高まります。先生がお手本を見せることや,ビデオでお手本を見せることも効果がありますが,何よりも友だちの姿を見せることにインパクトがあります。

 2　学年での取り組み方

(1) お誘いする

興味をもっていただけそうな方なら,「音読に力を入れようと思っています。ぜひ学年で取り組みたいのですが,いかがでしょうか」とストレートにお願いします。

興味がなさそうな方なら「音読に力を入れようと思っています。わからないことも多いので,ぜひいろいろ教えてください。もしよろしければご一緒に」と話をします。一緒に取り組むこ

とがすぐには難しいかもしれませんが，少なくともクラスで取り組むことは事前に伝えておきます。学年の連携が大切です。

(2) **教材を準備する**

　軌道に乗るまでは中心となって音読教材を準備し，周りの先生に負担がかからないようにします。自分のクラスで使う資料をコピーするだけなので，手間はほとんど変わりません。最初の頃や優れた教材は学年だけでなく，すべての先生に配ることをおすすめします。興味をもった先生と一緒に音読実践ができるかもしれません。

(3) **見合う**

　「どうやって指導するのか？」「効果的な指導法とは？」。最初は不安があります。見合うことが一番です。見合うことで段取りがわかったり，アドバイスできたりします。時には先生が交代して授業を行うのも効果的です。

3　より多くの人に広める

　「研究授業で取り上げる」「学習発表会で取り上げる」「他のクラスに発表する」など，多くの人に見てもらう機会をつくります。

　「いいな」「できそう」「やってみたい」と思ってもらえれば，そこから可能性が広がってきます。

⑳ 音読の基礎技術

(1) 姿勢

　安定した発声をつくる。

　※①両足を床につける。②腰を立てる。

　　③肩の力をぬく。④あごを少しひく。

(2) 発声

　よい声をつくる。

　※腹式呼吸でたっぷり息を吸う。

(3) 口形

　正しく明快な発音をつくる。

(4) 声量

　全員に声を届かせる。

　※下腹に力の入った，張りのある声を出す。

(5) 視線

　目を意識すると張りのある声が出る。

　※視線は目の少し上の高さにして，定める。

(6) 表情

　顔がほぐれていると，口がよく動く。

(7) 手

　姿勢を安定させ，集中力を保つ。

　※見る時は両手でもつ。見ない時は後ろで組むか，肘を伸ばして手の指を揃え，腿の外側につける。

⑻ **句読点**

語句，文節を明確にする。

※句読点の原則は，読点は休み，句点は止まる。

※基本的に，句読点の前では優しく読む。

⑼ **強弱**

声量の抑揚により表現力を高める。

⑽ **高低**

声音の変化により表現力を高める。

⑾ **緩急**

速度の変化により表現力を高める。

⑿ **間**

句切りの明確化やイメージを喚起，強調する。

※句読点よりもやや長く，読みを止める時間。

※題名，作者，冒頭文や，場面の転換，段落・章・連が変わる時に適切な間をあける。

※「……」「──」では，間を声にならない「内言（心の中の言葉）」で表現する。

⒀ **イントネーション（昇調・降調・平調）**

文末を読み分け，平叙文，疑問文，命令文，感動文の違いや喜怒哀楽などの感情を表す。

⒁ **強調　プロミネンス**

語句を際立たせる。

⒂ **くぎり符号**

「　」，『　』，（　），・，──，……，？，！など，文脈を明らかにする。

※句読点を含むくぎり符号は修辞法の一種のため筆者の文意を考え加減してもよい。

(16) **地の文／会話の文**

会話文を際立たせる。

※会話文は地の文よりトーンを高くする。

(17) **オノマトペ**

情景を表現する。

※ものまねではない。

(18) **テンポ（遅速）**

全体的な速度で，目的によって使い分ける。

(19) **トーン**

明暗をはっきりさせ，作品の生命を大切にする。

(20) **転調**

場面の変化を表す。

(21) **リズム（文体・韻律）**

聞き手に受け入れられやすい。暗唱に向いている。

※詩が多く，俳句，和歌，漢詩，連歌，連句，四行詩，脚韻詩など。

第2章

子どもたちに大人気！
音読指導アイデア
基礎基本編

音読の指導は，範読，追い読み，交互読み，グループ読みなど，基本的な指導法があります。具体的な進め方を紹介します。

「範読」で感化する

もてる力を全て出して音読する「範読」

サッカーや野球などスポーツで活躍している選手を見ると，自分も同じようになりたいという思いにかられます。憧れを抱くことが行動へのモチベーションになります。

音読も同じです。憧れを抱けるような音読を教師が行うことによって子どもたちは感化されます。読みたい気持ちを高めることができます。

(1) 基本的な音読の技術を身につける

前項の『音読の基礎技術』をもとに練習を行います。子どもよりも下手な音声表現は，範読とは言えません。子どもは，教師を手本として伸びていきます。

プロのアナウンサーや声優，俳優は必ず事前に練習するそうです。教材文は何度か範読前に読んでおきましょう。音読に自信がもてない場合，自信をもって読めるようになるまで練習しておきます。

(2) 人生最良の読みで読む

もてる力を全て出して読みます。そのことを自身に課します。「これから先生が本気で音読をするのでよく聞きましょう」と

子どもたちに宣言するのもいいでしょう。

　一度も間違えない，つっかえない，間・速さ・声量を適当にするなど，真剣勝負で音読します。

　相手のレベルに合わせる必要はありません。小さい子どもに話すようにわざとゆっくり読むことや，ぶつぶつ切った読み方はしません。低学年の時に陥りやすいのですが，児童の言語感覚が損なわれてしまいます。

⑶　**新出漢字はゆっくり読む**

　子どもたちが聞きながらルビをふれるよう新出漢字や難読箇所はゆっくり読みます。

　ルビをふる場合，縦書きの文章の場合「左」，横書きの文章の場合「下」に書きます。一般的なものとは逆ですが，ルビを無意識に読んでしまうことを防げます。

⑷　**無声音で読みながら聞く**

　子どもたちは範読を口パクで読みながら聞くようにします。読み間違えに気づきやすくなることや，集中力の持続ができます。

⑸　**範読前に音読させる**

　短歌や俳句，古文，漢文など，初読で難解な作品は，まず子どもたちに読ませ，その後範読します。読みづらい，わからないなど問題意識をもたせた上で範読することで集中して聞けるようになります。

②「追い読み」で安心感をもってスタート

1 まずは「追い読み」から始める

追い読みとは,「代表者が読んだ後に,続けて同じ箇所を読むこと」です。句読点や,意味のまとまり,形式段落などの節目で句切ります。

初めて読む時や,自信がない時でも,追いながら読むことで,安心して読むことができます。

(例)　先生　「風の又三郎」　　子ども「風の又三郎」
　　　先生　「宮沢賢治」　　　子ども「宮沢賢治」
　　　先生　「どっどど　どどうど」
　　　子ども「どっどど　どどうど」
　　　先生　「どどうど　どどう」
　　　子ども「どどうど　どどう」

2 「追い読み」のポイント

(1) 間髪入れずに続けて読む

音読をテンポよく進めるためには,間をあけないことが大切です。

目,耳,口それぞれ集中して音読することができます。

コツは,「先生が読み終わるか読み終わらないかぐらいで読み始めましょう」と声かけし,間髪入れずに読めるようになる

まで「遅い」と，何度も繰り返しさせることです。

　もう１つのコツは，先生自身が子どもの読み終わる直前に次を読み始めることです。

　先生「風の又三郎」
　　　　　　子ども「風の又三郎」
　　　　　　　　　　先生「宮沢賢治」
　　　　　　　　　　　　　子ども「宮沢賢治」
　　　　　　　　　　　　　　　　先生「どっどど」

(2)　同じように読む

　「声の大きさ・小ささ，間の取り方，速さ，声色など，よく聞いて同じように読みましょう」

　先生がお手本となる読み方をし，子どもは「聞いたまま」再現するように読みます。範読をまねして音読する中で，読む力がついてきます。

(3)　集中力アップ

　①　間違え読み

　わざと間違えて読みます。例えば，正しい文章は「おじいさんとおばあさんが」の時に，「おじさんとおばさんが」と読みます。子どもたちはひっかからないように正しく読みます。教科書の追い読みは，目で追いながら，もしくは指でなぞりながら再現することが大切です。間違え読みを入れることで文字を読むことへの意識が高まります。

　②　倍速アップ

　回数を多く繰り返したい時は，２倍速，４倍速の追い読みをすると楽しみながら何度も追い読みができます。

③ 音読を活気づける「交互読み」

 1 「追い読み」の次は「交互読み」

交互読みとは，「複数のグループ（基本的には２グループ）に分け，順番に読んでいくこと」です。

読むこと聞くことが交互に行われることで，相手を意識する力が高まり，集中力も継続します。

（例）　先　生「孫子」

　　　　子ども「孫武」

　　　　先　生「かれを知りおのれを知らば」

　　　　子ども「百戦してあやうからず」

　　　　先　生「かれを知らずしておのれを知らば」

　　　　子ども「一勝一負す」

　　　　先　生「かれを知らずしておのれを知らざれば」

　　　　子ども「戦うごとにかならずあやうし」

 2　様々なグループ

繰り返し読むことで，理解や記憶へとつながります。様々な分け方を行うことで，意欲を持続できます。

(1) **先生と子ども**

一番ベーシックな形が，先生と子どもの交代制です。まずはこの型からスタートするとよいでしょう。

(2) **男女**

クラスの実態にもよりますが、盛り上がりやすい分け方です。

(3) **窓側，廊下側**

教室の半分の所で区切って，窓側と廊下側に分けます。区分が明確なので，グループごとに励まし合って声を出しやすい分け方です。

(4) **号車（川），班単位**

比較的一体感があるグループごとで，読み合います。

(5) **フルーツバスケット式**

「犬派か猫派かというと，どちらですか。犬派の人先に読みます。孫子からサンハイ！」

「昨日ドラえもんを見た人」「インドア派な人」「体育が一番好きな人」など，フルーツバスケット式に分けます。楽しみながら交互読みができます。

 3 人数を変える

人数を変えることで，少ない人数も，多い人数も，どちらも「負けまい」と覇気が出ます。活気をもたらすことができます。

「今日は特に元気な3班と3班以外で，サンハイ」

「幸野さんと幸野さん以外でやりましょう。幸野さん大丈夫ですか。それではいきましょう。幸野さんからサンハイ」

④ 子どもたちに大人気「たけのこ読み」

 ## 1 毎回ドキドキ「たけのこ読み」

　たけのこ読みは,「子ども自身が読みたい一文を選び, 自分の読む番になったら, 立ち上がって読み, 終わったら座る」読み方です。立つ様子が, たけのこがニョキニョキと出てくるように見えることから命名されました。

　「自分で読む箇所を選ぶ楽しさ」「誰が立つのかわからない楽しさ」「数人で声を揃えて読む楽しさ」「一人になるかもしれない楽しさ」「誰もいないかもしれない楽しさ」などがあり, 子どもたちに人気の読み方です。

 ## 2 「たけのこ読み」の指導法

　「自分が読みたい文に印をつけます。3箇所です」

　自由な数にするよりも指定したほうが, 全体のバランスがよくなります。

　「最低でも1つつけましょう」

　3つ選ぶことが難しいようでしたら, 最低1つは決めるようにします。

　「自分の決めた箇所にきたら, 立って読んでください。たくさんの人が立つかもしれません。その時はしっかり声を揃えて読みましょう。一人だけの場合もあるかもしれません。その時

は，日頃の音読の練習成果を発表するチャンスです。一人だからこそしっかり読みましょう」

　立つ人数が多い少ないで，最初は音読に集中できないこともあります。また読む箇所を選びにくいという場合がありますが，回を重ねると読むことができるようになります。

 ## 3　指導のコツ

(1)　シャッフル

　一度読む箇所を決めると固定してしまうことがあります。そのような時は，「次は違う場所をチェックしましょう」とシャッフルすることや，「文を続けて選ぶのはNGです」「三文セットで読みます」など，選び方のルールを決めます。

(2)　選択する楽しみをアップする

　「一人だけ立ったらその人はチャンピオン。誰もいなかったら先生の勝ち」

　「一人だとなんだか特別なこと」と設定することや，誰も立たなかったら「選択ミス」と設定をすることで，選ぶ時の戦略性が増します。

(3)　様々なたけのこ

　「2人1組」「班で読む」「読む箇所を1か所に絞り一度立ったら座らない」「3箇所だけ読まない」など，様々なバリエーションがあります。

⑤ 分けて盛り上がる「上句下句読み」

1 「上句下句読み」とは

　上句下句読みは,「短歌や詩の行,諺など,リズム上,2か所に分けられるものを,前半部分と後半部分に分けて読む」読み方です。

　例　『五十音』(北原白秋)を班で読む場合
　1班　「あめんぼ赤いな」　　全員「アイウエオ」
　1班　「うきもにこえびも」　全員「およいでる」
　2班　「柿の木,栗の木」　　全員「カキクケコ」
　2班　「啄木鳥,こつこつ」　全員「枯れけやき」

『五十音』(北原白秋)を個人で読む場合
　Aさん　「あめんぼ赤いな」　　全員「アイウエオ」
　Bさん　「うきもにこえびも」　全員「およいでる」
　Cさん　「柿の木,栗の木」　　全員「カキクケコ」
　Dさん　「啄木鳥,こつこつ」　全員「枯れけやき」

　自分の箇所になった時は,立って読みます。全員で読むところは座ったままで読みます。
　読む単位は,班で読むことからスタートします。慣れてきたら,ペア,最終的には一人で読むようにします。

たけのこ読みと同じで，音読活動が活性化します。

最後は分けずに「全員で立って読む」と一体感をもって終えることができます。

 2 暗唱へ応用

俳句や短歌，諺，格言の最初の5文字を読むことで，それが引き金となり続きを言えるようになります。短歌の上句下句は五七五と七七ですが，五と七五七七に分けたほうがリズムがよく，覚えられます。

（例）

●百人一首

先　生　「春過ぎて」

子ども　「夏来にけらし白妙の 衣干すてふ天の香具山」

先　生　「奥山に」

子ども　「紅葉踏み分け鳴く鹿の 声聞く時ぞ秋は悲しき」

●俳句

先　生　「古池や」　子ども「蛙飛びこむ水の音」

先　生　「雪とけて」子ども「村いっぱいの子どもかな」

●諺

先　生　「習うより」　子ども「慣れよ」

先　生　「千里の道も」子ども「一歩から」

●格言

先　生　「面白き」　子ども「こともなき世を面白く」

先　生　「賢人と愚人との別は」

子ども　「学ぶと学ばざるとによっていでくるものなり」

⑥ みんなと一緒に力を伸ばす「グループ読み」

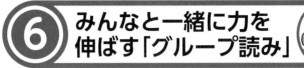

1 グループで読むことのよさ

学校のよさの1つに集団の力があります。

一人では困難なことも仲間と一緒なら乗り越えることができます。

給食を完食しているクラスでは家でふだん残している野菜を食べたり,落ち着いているクラスでは長い時間座って学習ができたり,周りの影響を受け,よい方向に行動が変わります。

音読も集団の力で高めていくことができます。

(1) ちょっと上の自分が出せる

声が小さい子でも,周りが声を出しているとその空気で声が大きくなっていきます。

周りに暗記できる子が増えてくると,刺激を受け,同じように覚えられるようになります。

グループ対グループで対決する場面を設定すると,アドバイスし合い,励まし合い,高め合える姿が見られるようになります。

(2) 全員がスポットライトを浴びる

全員の前で全員が発表することは,時間的に難しいですが,

グループごとでなら発表ができます。

　発表だけでなく，小グループ内で見合うこと，読み合うことでもスポットライトがあたります。学習関与度が高まることで，音読の力もついていきます。

 2　ペア・グループ読みの実践

　いくつかのしかけを入れることにより，ペア音読やグループ音読の学習効果が高まります。

(1)　**声を揃えて読む**

　声を揃えるには相手の音読や息遣いに耳を傾ける必要があります。

　揃えて読んでいると，間違えた時やつまった時にわかります。緊張感や一体感をもって読むことができます。

(2)　**順番に読む**

　「何回間違えたか数えましょう」「グループの中で一番姿勢がいい人は誰かを後から聞きます」など，評価の視点も加えて聞くことで，より注意深く読めるようになります。

(3)　**交互に読む**

　句点や読点で交代したり，行で交代したり，登場人物ごと地の文で交代したり，分けて読みます。常に読み手と聞き手が変わり，集中して読めるようになります。

7 心を1つに「点丸読み（句読点読み）」

1 「点丸読み」とは

点丸読みとは、ペアもしくはグループの音読の際に「,」（読点）と「。」（句点）で交代して読む音読方法です。
（例）『走れメロス』太宰治（4人組の場合）
- A 私は，
- B 信じられている。
- C 私の命なぞは，
- D 問題ではない。
- A 死んでお詫び，
- B などと気のいい事は言って居られぬ。
- C 私は，
- D 信頼に報いなければならぬ。
- A いまはただその一事だ。
- B 走れ！
- C メロス。

読み手と聞き手が次々と入れ替わり、適度な緊張感で音読ができます。一人ひとりにスポットライトが当たる音読です。

2 スモールステップで行う

まず2人組で丸読み（一文交代）から始めます。慣れてきた

ら，点丸読みにします。点丸読みがスラスラできるようになってきたら，小グループにして，点丸読みにします。

スモールステップを踏むことにより，混乱することなく学習活動に取り組めます。

3　つなげることを意識して

「あたかも一人が読んでいるように読みましょう」

前の人のテンポや声の調子を引き継いで読みます。聞き合う姿勢や一体感を得られます。

「バトンをつなぐイメージをもって読もう」と声かけをします。

4　速く読むことに挑戦

「4ページから9ページまで読みます。終わったら全員で『ハイッ』と手を挙げましょう」と指示をします。「間違えず読めた」「最初から読み直して練習しよう」など時間を意識することで，スラスラ読もうとする意欲が高まります。

「もう一度行います。3分間作戦タイムです。最初のタイムよりも少しでも早く読めるよう作戦を立てましょう」

「点・丸での交代をスムーズに読もう」「わからない漢字ない？」「聞き取りやすいようにもう少し声を出そう」など，作戦タイムで音読に関する会話が生まれてきます。

「間違えたら最初から」のルールを加えると集中力が大幅にアップします。

⑧ 短い時間で意欲を引き出す「速音読」

 1 「速音読」とは

指定された範囲を,できるだけ速く読む音読です。

速く読もうとする中で,素早く言葉のまとまりをつかむことができるようになります。

読む範囲の少し先を見る力もつきます。

ゆっくり読んでいる状態で速く読もうとするのは難しいですが,速く読めるようになると普通の速さで読む時に余裕をもって音読ができるようになります。

また,脳科学的にも速音読は前頭前野を活性化させる度合いが高く,短い時間で集中力や学習意欲を引き出すことができると言われています。

 2 「速音読」の進め方

「『ごんぎつね』を最初から最後まで読みます。できるだけ速く読みましょう。ただし,口の形を意識して読むようにします。このような感じです」

イメージがわかない子どもがいるので,速音読の範読をします。事前に何度か練習しておくことをおすすめします。見違えるように速く読めるようになります。

「立って読みます。終わったら『ハイッ』と手を挙げ,座り

ます。それでは，用意スタート！」

「３分５秒。記録を教科書に書いておきましょう。３分12秒，３分14秒。記録を書いたら立っていた時よりも大きな声で再度読みましょう」

数回，繰り返します。２回目，３回目と記録が伸びていきます。２回目以降，「１秒でも速くなった人，手を挙げてください。成長した友だちに拍手を贈りましょう」と認め合う活動を入れると意欲が増し，つながりができます。

3 指導のポイント

速く読もうとする気持ちから，適当に読む子が出てきます。上位者数名に前でお手本として披露してもらいます。お手本の時のタイムも計り，全員で行った時よりも大幅にタイムが落ちている場合は，全員の時はきちんと読む意識が低くなっていると考えられます。「今のように音読して，その上でタイムを伸ばしていこう」と声かけをします。

また，「速さも大事だけれども，もっと大切なことは正確に読むことや口形，声量を意識すること」という話を繰り返ししていきます。

速音読は，友だちと速さを競いがちです。適度な競争は意欲を高めますが，競争意識がエスカレートしすぎないように声かけをします。

「大切なのは過去の自分を超えることだよ」

「ライバルをもつことはいいことだけどお互いに相手に敬意をもって競い合おう」

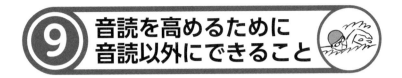

⑨ 音読を高めるために音読以外にできること

 前後を高める

一流のスポーツ選手はイメージトレーニングをしています。イメージをもって行動することでパフォーマンスを高めることができます。

金メダリストの北島康介選手は，大会に出る時に，泳いでいる時だけでなく，ゴールにタッチした後，振り返って電光掲示板を見て，決めポーズをするところまでイメージトレーニングを重ねていたそうです。

前後も意識することで，泳ぐときに最初から最後までベストパフォーマンスで泳げるということです。

音読もただ読むだけでなく，前後を意識することで読みのパフォーマンスを高めることができます。

(1) イメージトレーニング

30秒から2分程度，姿勢を正し軽く目を閉じます。

理想の音読の状態をイメージ，もしくはめあての確認をします。静けさが生まれると，そこで生まれたエネルギーが音読への起爆剤になります。

(2) 高速起立

「音読をします。立ちましょう」の指示の時に、サッと立てるようにします。バラバラ、ダラダラ立つと、音読も同じようにバラバラ、ダラダラになります。

2秒以内に立てるようにします。

「立ちましょう。いち、に」の「に」の時には立って読む姿勢になれるよう練習します。

サッと立てるようになると、それだけで音読モードに入ることができます。

(3) 礼

発表の始まりは「よろしくお願いします」、おわりは「ありがとうございました」と礼をします。

この言葉と礼によって、発表モードができあがります。

礼の程度によって、発表の程度もわかります。

音読に自信があるから礼がよくなるのか、それとも礼への意識が音読に影響を与えているのか、どちらかはわかりませんが、「音読」と「礼」の相関関係は高いようです。

片方を高めることにより、もう片方の力を伸ばすことができます。取り組みやすい礼を練習しましょう。

発表練習の時に礼の練習時間をとります。1分間練習をとるだけでも見違えるようになります。

礼だけのコンテストを開催して、チャンピオンには模範生となってもらい、「チャンピオン中島さんのような礼」と共通イメージをもつことも効果的です。

⑩ 音読を高める「声かけ集」

一言が心を動かす

ちょっとした声かけで音読がグンと高まります。

・いい姿勢だね。背中がピンとなっている。
・両足が地面を踏みしめたまま背を高くして読んでいる。
・両手でしっかり持って読んでいる。
・目がいい。目に力がある。
・表情がいい。エネルギーが顔から溢れている。
・とても上手になりました。
・いい声が出るようになってきたね。
・そうそう，そうやって読む。できたじゃないか。
・昨日よりもずいぶんよくなった。
・100点満点です。
・すばらしい声量です。声が響いている。
・声を先生まで届けましょう。
・隣の教室まで響いている。下の階まで聞こえてきた。
・体全体から声が出ている。
・口がしっかり開いている。顔が口になっている。
・口形の金メダルだ！
・１文字１文字はっきりと聞こえます。
・○○なら，まだいけるでしょう。→さすが！

- ○○の本気が見てみたい！→すごい！
- 教科書開いている人。手を挙げましょう。→かしこい！
- ○○が，みんなをひっぱっている。
- ○○の立ち方はクラスの手本だ。
- ○年生レベルだ！
- レベル○○だね。
- 県（日本）代表レベル。全国（世界選手権）にいける。
- ラストスパート。
- 先生よりすごい。負けました。
- 師匠と呼ばせてください。
- 全然聞こえません。
- もうおしまいですか。
- 声を出すことを恐れるな。
- 昨日の自分を超えよう。
- 限界を超えろ。壁をぶちこわせ。
- いつ読むのか？　今でしょ。
- この後，全員に発表してもらいます。
- ぐちゃぐちゃではなくきれいに読みます。もう１回。
- これが私の最高の読み方だという読み方で読んでください。
- どんなところに気をつけて読みましたか。
- もっとよくするにはどうしたらいいですか。
- なぜ，そのように読んだのですか。
- どこが上手で，どこが下手ですか。
- 校長先生も大絶賛する音読をしましょう。
- 今日の集大成です。一番の音読をしましょう。

⑪ 身体的アプローチで音読力を高める

 形から入る

　ダラッとした姿勢や机上が雑然としていては集中力が続きません。視線がバラバラでは心を1つにして一斉音読ができません。手遊びしながら，キョロキョロしながら，荷物を整理しながら，といった「ながら」音読では力がつきません。

　逆に考えると，形を整えることで，音読力を高めていくことができます。

(1) 机の上は何も置かないか，整頓しておく

　あくびを見れば，あくびがうつります。「笑顔がうつる」「緊張がうつる」といった経験があると思います。人は目に映るものによって，体に影響を受ける性質があります。

　視界が整理整頓されていることで，気持ちが整い，集中力が高まります。

(2) 手は後ろに組む。本は両手で目の高さで持つ

　手の位置を固定することで，余分なものに意識が奪われないようにします。

⑶　両足の裏面を床にしっかりつける

　慣れないうちは窮屈ですが，慣れてくると楽な状態に感じられるようになります。長時間にも耐えられます。

⑷　正しい姿勢をキープする

　ネコ背のようなゆるんだ状態でも，ハト胸のような硬直状態でもない，リラックスした姿勢が正しい姿勢です。

　壁に背中をつけると姿勢のチェックができます。壁に背中をつけるときは「後頭部」「肩」「おしり」「かかと」の４点をつけるようにします。

⑸　軸を立てる

　両足でひざを曲げないで垂直に数回ジャンプし，かかとから着地します。足の位置を固定したまま体を前後左右にゆらし，一番楽なところでとめます。軸ができるので，その後，肩幅まで足を開きます。

⑹　視線の送り先を決める

　合唱では指揮者がいます。視線を揃えることで，気持ちが揃います。

　音読でも視線を揃えることで，気持ちを揃えることができます。黒板中央の上の部分や磁石，的の作成など視線を送る先を決め，そこに向かって音読します。

⑫ 体験的に音読力を高める

1 百聞は一見に如かず。百見は一試に如かず

　言っても伝わらないことも，体験することでスッと理解できることがあります。簡単に体験でき，気づきが生まれる指導法を紹介します。

2 呼吸の大切さ

(1) 吸いながら声を出す

　「おはようございます」を，息を吐きながら言います。次に息を吸いながら言います。言えません。呼吸が大切ということを実感できます。

(2) 鼻から吸う

　腹式呼吸で，「口から吸って，アーと長く声を出す」と，「鼻から吸って，アーと長く声を出す」の両方を体験します。鼻からのほうが，息が十分に入り，声が出ます。

(3) 腹式呼吸

　呼吸は，腹式呼吸，胸式呼吸，肩式呼吸の３種類があります。「肩を上下」に動かして呼吸しながらアー，アー，アーと声を出します。同様に「胸を前後」「腹を前後」に動かして呼吸しながらアー，アー，アーと声を出します。腹式呼吸が安定した

声を出せることを実感できます。

 ## 3　発声の大切さ

(1)　**声帯をリラックス**

「のどに力を入れて『アー』と声を出します」「のどに力を入れないで，頭・鼻に響かせ『アー』と声を出します」。力を入れるとのどが疲れます。響かせると通るきれいな声が出せます。

(2)　**口の開き方**

最大限に口を開き「アー」と声を出し，声を出したまま口をすぼめていきます。閉じるまでア音は出ますが，口を開いたほうがきれいな音が出ることがわかります。

 ## 4　姿勢の大切さ

姿勢を「崩した」状態と「正した」状態で，「おはようございます」を体験させると響きの違いが実感できます。

 ## 5　表情の大切さ

顔のパーツ全部を外にとばして「あ」，次に顔の中心に顔のパーツ全てを集めて「う」，この「あ」「う」を10回繰り返します。次に，顔のパーツを「右」，「左」10回，「上」，「下」10回，「右回り」5回，「左まわり」5回すると，顔がほぐれます。顔に熱を感じ，普段表情筋を使っていないことを実感できます。

自分事にするために人前で発表する

 1　発表できる人？

「答えられる人は手を挙げてください」と問われた時に、まったく手が挙がらないクラス、2～3人が手を挙げるクラス、三分の一ぐらいが手を挙げるクラス、8～9割が手を挙げるクラス、全員が手を挙げるクラスと様々です。

挙手がすべてではありません。表現方法は様々であり、挙手はその1つです。手を挙げていなくても、挙げている以上に学んでいる場合もあります。

一方、手を挙げないことが習慣化してしまい、そのため学習関与の意識が低下している場合もあります。

全員が手を挙げる機会を保障することは、誰もが参加する授業づくりには大切なことです。

手始めとしては音読が適当です。自分の意見は正誤判断がつきませんが、日頃から慣れ親しめている教材の音読であれば、得手不得手があっても間違えることはほとんどありません。

「発表できる人？」と自分の意志で発表するかどうかを尋ねる時間を毎日設定します。最初は誰一人手が挙がらないかもしれません。毎日、数人の同じ子が挙手するかもしれません。それでもめげずに継続していくことで、1人、2人と増えていき、最終的にはいつもではなくても全員の手が挙がるようになるで

しょう。

2 発表のための支援のポイント

(1) 見てもよい，失敗してもよい

「暗唱も素敵なことだけど，しっかり見て，しっかり読むことも同じぐらい素敵なことです」

「失敗したっていい。そこには学びと成長が生まれる」

悩んでいる背中をひと押しする言葉を投げかけます。

(2) 練習タイムを設定

「では，1分後にもう一度発表できるかどうか聞きますので，手が挙げられるよう練習しましょう」

「4人から8人に増えました。もう30秒だけ練習タイムをとります。手を挙げた人はさらにパワーアップの時間として活用してください。では，次は半分以上の人の手が挙がるといいなと思っています。どうぞ」

(3) 無理しない

「いつか挑戦できるといいですね」と期待を伝えることや「3人なら読める人？」とハードルを調整します。

クラスが手を挙げるムードになってくると，段々と挙手できるようになります。焦らず見守るようにします。

音読の進化系「暗唱」

1 「暗唱」のよさ

　大文豪の谷崎潤一郎は『文章讀本』（中公文庫）で，文章感覚を磨くには「講釈をせずに，繰り返し繰り返し音読せしめる，或は暗誦せしめるという方法は，まことに気の長い，のろくさいやり方のようでありますが，実はこれが何より有効なのであります」と呼びかけています。

　また暗唱には，「覚える力」を高める，名文・名詩の文体・リズム・文章構成を身につけられる，成長を実感できる，保護者に感謝されるなどのよさもあります。

2 「暗唱」の方法

(1) 門前の小僧習わぬ経を読む

　音読を繰り返していると自然と暗唱できるようになります。暗唱に慣れてくるとともに，暗唱までの時間は短くなっていきます。

(2) 瞬間記憶読み

　先生「30秒で覚えます」　子ども「えー，無理」
　先生「瞬間で覚ようとすることが大事。では，いきます」
　先生「覚えた人？」「では，もう30秒」

先生「覚えた人？」

先生「もう覚えた。すごい！　あと30秒だけとります。覚えた人はスラスラ言えるよう練習しましょう」

長い時間では集中力が続きません。短い時間で確認しながら進めます。周りが覚え出すと，その波に乗って覚えられる子が増えていきます。

全員ができなくても大丈夫です。翌日，翌々日と音読する中で暗唱できるようになります。

⑶　**区切り読み**

「起立。題名と作者を覚えたら座ります」

全員が座ったら，また起立させ，

「題名と作者，さらに最初の2行覚えたら座ります」

「題名と作者，さらに最初から4行まで覚えたら座ります」

一度に覚えるのではなく，区切って覚えます。2行ずつや連ごとなど，小さなまとまりにします。限定することでやる気が起き，成功体験を得られやすくします。

途中からは「大体8行まで覚えたら」というように，「大体」というキーワードを入れるとハードルを下げられます。

⑷　**黒板を消しながら読む**

板書した作品を少しずつ消しながら音読していきます。何度も音読ができ，思い出しながら繰り返し読むことで，全部が消える時には暗唱できるようになっています。

「これじゃあもう読めないでしょう。えっ，読める？」と意

欲を高める声かけをしながら消していくと効果的です。

(5) **自分で隠しながら読む**

プリントだと「谷折り」で文字を隠しながら読みます。教科書だと、ノートや筆箱で隠しながら読みます。隠す部分を少しずつ増やしていきます。書いてある文字を手掛かりに読むことで暗唱の際のヒントになります。

(6) **ペアで教え合う**

一人が暗唱し、もう一人が作品を読みながら聞きます。読み手が間違えたり、つまったりしたら、聞き手が次の言葉を教えてあげます。次のヒントをもらえることで覚えやすくなります。忘れやすいポイントを指摘してもらえることで、つまずきを克服しやすくなります。

(7) **暗唱テスト**

テストというゴールを設定することで暗唱への意欲が高まります。長いものよりも短いものをたくさんしたほうが達成感を得られる機会が増え、次の暗唱への原動力となります。厳しいほうが合格した時の喜びが増します。

合格者にはミニ先生になってもらい、ミニ先生でもテストできるようにすると、多くのテストを一度にできるようになります。

第3章

表現力＆発表力を高める！
音読指導アイデア 発展編

　基本的な力が育ってきたら，その力を高めていきましょう。音読をより深め，より豊かに，より楽しくする方法を紹介します。

① 心を1つに「リレー音読」

「リレー音読」とは

　小グループで順番に音読をします。「まるで一人のよう」に読もうとすることで聞き合うことや，呼吸を合わせようとして，一体感を生み出すことができます。

(1) ロパクリレー

　句読点読みの無音バージョンです。点・丸で交代して読みますが，音は一切出さないようにします。読み手への意識や，口形のトレーニングになります。

(2) アイコンタクト読み

　句点の箇所で，次の読み手にアイコンタクトを送ります。一文でも二文でも何文でも構いません。パスしたいタイミングで次の人を目で指します。

　スポーツの世界のアイコンタクトのイメージです。言葉で伝えなくても目で伝えます。

　読み手以外は，文章と読み手の両方を意識する必要があり，緊張感が生まれます。

　読み手に偏りが生まれないように「全員が同じぐらいの分量を読みます」「できるだけ毎回違う人にアイコンタクトしまし

ょう」など，声かけをし，バランスよく音読できるようにします。

慣れてきたら「句点」の箇所だけでなく「読点」も解禁します。さらに慣れてきたら「好きな場所」も解禁します。

(3) ひと息リレー

1人目がひと息で読めるところまで読みます。1人目の息が切れる直前に2人目が続きを読み始めます。同じように，2人目の息が続いている間に3人目が読み始めます。このように続けて，一定の範囲を通算何人で読めたかを記録します。

息をたっぷり吸って読むので発声が鍛えられます。

慣れてきたら，指定した読む速さや，指定した声量といった制約をつけることで難易度が高まります。

バトンタッチのタイミングは，読み手がSOSを送るパターンと，次の読み手の判断にするパターンがあります。

人数は3人が適当です。

(4) 点丸読み　上級編

点丸読みで個人読みだけでなくグループ読みも入れます。

A→B→C→A＆B＆C→A→B→C→A＆B＆C……というように最後に全員で読み，また最初の人に戻るという順番で読んでいきます。順番が頻繁に来るのでより集中して点丸読みができます。全員で読む箇所では，心が1つになります。

② 目指せ「音読の達人」

1 「音読の達人」とは

　音読の達人とは,「正しく,よりスラスラ読める人を決める音読コンテスト」です。

　2人組をつくって一人が読みます。もう一人は教科書を見ながら聞きます。聞き手は,読み間違えた数をカウントしていきます。数が0に近いほうが丸です。

　「読んでいる人は完璧に読みます。間違えたり,つまったり,かんだり,せきをしたり,しゃっくりをしたり,万が一にもおならをしたりしてはいけません。間違えるごとに1ポイント減点です。減点が少なければ丸です。それではいきましょう。時間は30秒間です。スタート!」

　30秒たったら交代します。

　「それでは聞きます。マイナス5点以下の人,どんまい。マイナス4点の人,OK。マイナス3点の人,頑張りました。マイナス2点の人,いいね。マイナス1点の人,素晴らしい。そして,マイナス0のパーフェクトに読めた人,音読名人です。拍手〜」

　正しく読もうとする意識が強くなります。

　読む場所の範囲を変えないことで,早く正確に読めるようになったことを実感できます。

飽きが見られたら違う範囲に変えます。

2 「音読の達人」のポイント

(1) どこまで読めたか

パーフェクト，もしくは少ない減点で読めた人の中で，どこまで読めたか聞きます。

「21ページまで読めた人。22ページの1行目まで読めた人，2行目，3行目，4行目，それ以上はいますか。では，3行目まで読めた目黒さんが，音読の達人です」

(2) 団体戦

小グループで順番に行って，合計数を出し，少ないグループを丸とします。

「ここでひっかかっていたよ」「どこ間違えたの」「この漢字なんて読むんだっけ」「この漢字読める」「わからない漢字にふりがなを振ってみたらいいんじゃない」「次の中休みに一緒に練習しようよ」

協力して音読をする姿が見られるようになります。

(3) モデリング

「音読の達人のように正確かつスラスラ読むためにはどうすればいいだろう。班で相談しましょう」と投げかけることで，練習の必要や，漢字や言葉のまとまりで読むことの大切さが理解できるようになります。

③ 真剣勝負で鍛える「音読選手権」

 1　「音読選手権」とは

　音読選手権は，全員が立って読み始めます。間違えたら座ります。最後まで立っていた人が優勝です。

　「これから今までの人生の中でもっとも上手に音読をしてください。人生の集大成を披露してください。

　立って完璧に読みます。間違えたり，つまったり，かんだり，せきをしたり，しゃっくりをしたり，あくびをしたり，姿勢が崩れたり，おならをしたりしてはいけません。もちろんゲップもだめです。もしも間違えてしまったら座ります。

　座ったら，まだ立っている人の音読を，近くで教科書を見ながらしっかりと聞いてください。つまりプレッシャーを与えてくださいということです（笑）。プレッシャーの中でも最高の音読ができるといいですね。

　今日は選りすぐりの音読家が集まった音読選手権，それも全国大会です。最後まで立っていた人が音読チャンピオンです。

　それではご起立ください。用意，スタート」

　正確に読もうとする意識が高まります。前半は脱落者続出でザワザワしますが，後半になるにつれ，聞き手のプレッシャーも出てきて緊張した雰囲気になってきます。

2 「音読選手権」成功のためのポイント

(1) 優勝者へのヒーローインタビュー

「放送席放送席。こちら3年1組の教室です。現在，音読選手権優勝者の長瀬さんに来ていただいています。長瀬さん，まずはおめでとうございます。優勝された秘訣をぜひ教えていただけませんか」

・家で毎日音読しています。
・普段から正確に読むように気をつけています。
・集中して読みました。

など，インタビュー形式で音読のコツを答えてもらいます。

音読チャンピオンの言葉は影響力があります。

(2) 第2回，第3回と続けていく

「来週，第2回音読選手権を開催します」
と告げると，
「次こそがんばろう」「休憩時間に練習しよう」
と意欲につながります。

(3) 団体戦

タッグマッチや団体戦でも音読選手権は行えます。間違えたら，交代して最終的に残ったチームを優勝とします。

チーム戦になることで，アドバイスをし合いながら協力して練習する姿が見られるようになります。

④ 難しいほどやりがいのある「難読音読」

海豚　河豚　亜米利加

 大人でも難しい

　最初はできないと思った。まったくわからなかった。しかし，学習したらできるようになった。

　新しくできるようになる経験を積ませることで，困難なものに出会った時に挑戦しようという気持ちをもつことができます。「大人でも難しい作品」が音読できるようになると大きな自信になります。

(1) **法律**

　教育基本法第１条「教育は，人格の完成を目指し，平和で民主的な国家及び社会の形成者として必要な資質を備えた心身ともに健康な国民の育成を期して行われなければならない」や六法の一部である日本国憲法前文「日本国民は，正当に選挙された…」，民法第１条「私権は，公共の福祉に適合しなければならない」など，学校や生活に関係しているものがおすすめです。

(2) **白文**

　白文とは，句読点・返り点・送り仮名などのついていない漢文です。

　『偶成』（朱熹）や『春暁』（孟浩然），『尋胡隠君』（高啓）な

ど，リズムがよく，漢字が手掛かりになりやすいものが取り組みやすいです。

(3) **日本の上代文学史（およそ奈良時代までの文学史）**

古事記・日本書紀・万葉集など日本文学の歴史。原文は難しいですが「読み下し」や「有名」のキーワードで検索すると音読教材として活用できる資料が見つかります。

(4) **名作の一部を暗唱**

『坊ちゃん』『草枕』（夏目漱石），『学問のすゝめ』（福沢諭吉），『羅生門』（芥川龍之介），『曽根崎心中』（近松門左衛門），『金閣寺』（三島由紀夫）などは長文でも覚えやすいです。

(5) **難しい漢字**

当該学年よりも上の学年の漢字や教科書を音読。読書の幅が広がります。

海豚（いるか），河豚（ふぐ），亜米利加（アメリカ），仏蘭西（フランス），洋琴（ピアノ），提琴（バイオリン）などの難読漢字。

(6) **英文**

英語のことわざやスピーチを音読。スピーチでは，キング牧師の「I have a dream」やルーズベルト大統領やケネディ大統領の就任演説などがおすすめです。

⑤ 集中力を一気に高める「フラッシュ音読」

 1　「フラッシュ音読」とは

　カードやプレゼンテーションソフトに言葉や絵，記号などを書き，それを見せ，瞬間的に音読します。

　テーマは，漢字，部首，四字熟語，ことわざ，ローマ字，英語，地図記号，都道府県，県庁所在地，国名，国旗，歴史上の人物，九九，算数の公式，単位，実験器具，標識，絵画，星座，音符記号，花，など多岐にわたります。

　音読のウォーミングアップや，授業開始時の学習意欲の喚起，暗記の補助として活用できます。

 2　コツ

(1)　できるだけ「すぐ」音読

　追い読みなら，先生の言葉じりで読み始める。

　見て読むなら，新しいカードが出た瞬間に読む。

　すぐ読むことで緊張感が生まれ，集中力がアップします。

(2)　声を揃えて音読

　速く読む子，ゆっくり読む子，それぞれ読み方が違います。連続して進めていくとバラバラになります。

　読むテンポを教師が示し，速すぎる子，逆に遅れている子は

テンポに合わせるようにさせます。

　声を揃えることの声かけをすることや，やり直しを数度行うことで揃います。

(3)　順番は最初固定，慣れてきたら入れ替えて

　最初は，フラッシュの順番を固定して読みます。あやふやなものもリズムで読めるようになります。声に出しているうちにだんだんと覚えられます。

　慣れてきたら，順番を入れ替えます。

(4)　一人で読む

　順番に一人ずつ読む機会をとります。全員が言えるまでの時間を計り，クラスで最高記録を目指すと盛り上がります。

　読めない場合は，周りの子がそっと教えてあげてもいい，聞いてもOKなど，サポート体制をとって始めると心理的な負担を減らせます。

(5)　レベルアップ

　難易度を高めていくことで，より継続して意欲的に取り組むことができます。

　例えば，絵画フラッシュの場合，絵を見て音読する際，レベル１が名前（モネ），レベル２がフルネーム（クロードモネ），レベル３が作品名（睡蓮　クロードモネ）とします。

⑥ 静と動で声を響かせる

1　大きさだけに頼らない

　声を出させることだけに力を入れると上手くいかないことがあります。疲れますし，集中力が途切れ，長続きしません。

　また，いきなり大きな声を出すというのは，体も心も負担に感じます。

　声の大きさは，小さい声と大きい声の差で感じられます。大きい声だけよりも，小さい声や無声音を取り入れることで，声の響きを実感できます。

2　声を響かせるために

(1)　イメージトレーニング

　音読の前に静かな時間をつくります。

　姿勢を正し，目を閉じ，心を落ち着かせます。最初はザワザワしていても，次第に静かになります。

　一人ひとりが個人のめあてをもとに，朗々と音読している姿をイメージします。

　丹田呼吸法を取り入れると，集中力も高まります。おへその指２本分下の臍下丹田に息を入れることを意識しながら，３秒で吸い，２秒とめ，15秒で吐き出します。

　２分程度続けます。

イメージトレーニング後，間髪を入れずに音読を始めます。

(2) 口パク音読

「32ページを読みます。今回は口パクで読みましょう。一切音を出してはいけません。音を出さない代わりに，口の開け方を意識しましょう。いつもよりも1.5倍口を動かしましょう」

無声音（口パク）で読むことにより，口の形が有声音の時以上に意識されます。

声を発しないことにより，エネルギーが蓄積されていきます。声を出したいという意欲が高まります。音が出ない時間の後は，より元気な音読が教室に響き渡ります。

(3) 読まないシーン

「段落ごとに班で交代して読みます。1段落は1班，2段落は2班と順に読んでいきます，最後の段落は全員で読みましょう」

「まずは廊下側の人読みます。次に窓側の人読みます。最後は全員で読みましょう」

交代読み，たけのこ読み，ミニ発表会など，一部の子だけが読む時間を設定します。

音読をしない時間を設定することで，エネルギーを貯められます。また，聞き合うことで，よさを互いに取り入れることもできます。

「最後は全員で読む」と，力強い音読になります。

7 音読を多様にする「変化読み」

 読み方のバリエーションを体感する

変化のある繰り返し,また朗読への布石として,変化読みがあります。読み方のバリエーションを体験することで,表現力を向上できます。

(1) 速さ

「あえいうえおあお　かけきくけこかこ　させしすせそさそ…」の五十音を,速さを変えて読みます。

A「あーーえーーいーーうーーえーーおーーあーーおーー」

B「あーえーいーうーえーおーあーおー」

C「あ・え・い・う・え・お・あ・お」

D「あっえっいっうっえっおっあっおっ」

E「あえいうえおあお」(一息)

F「あえいうえおあお」(さらに速く一息で)

発声法も兼ねていろいろな速さを体験します。その後,「1行目はA,2行目はB,3行目はC……」というように,行ごとに速さを設定します。

極端な速さを体感することと,速さを意図的に取り入れることで緩急の表現ができるようになります。

⑵　声量

　「声のスケールを変えて行ごとに声量を増やしていくやり方」と，「人数を変えて行ごとに増やしていくやり方」があります。声のスケールは前述の28ページの通りです。

　人数を変えるのは，例えば，１行目１班，２行目１・２班，３行目１～３班，４行目１～４班と行ごとに読む人の数を増やしていきます。盛り上がる感じになります。

　逆に人数を減らしていくバージョンもあります。最初全員で読み，１行ずつ班が減っていきます。寂しい感じやしっとりとした感じになります。

　同じ作品でも印象が違います。声量の変化で内容の表現方法が変わることを体感できます。

⑶　強調読み

　漢字の部分だけ，会話の部分だけ，指定したキーワードだけなど，一部分を指定して強く読みます。

　強調読みは，「特定の部分だけを強調して読むパターン」と，「２つのグループをつくり，普通に読むグループと指定されたところだけを読むグループに分けるパターン」とがあります。

　音読が立体的に響くようになります。

⑧ 体の部分意識読み

1 精神論だけでなく，具体的な指導を

「がんばろう」「もっとできるはず」「しっかりしよう」といっても具体的な指示がなければ，人によって考えるイメージは異なります。イメージが苦手な子もいます。

イメージしやすいように指示を体の一部に絞って音読します。部分を意識して読むことにより，ステップアップが容易になります。

2 意識化する部分

(1) のど

あくびをするとのどぼとけが下がります。この下がった状態がのどが開いている状態です。のどぼとけが下がっているのを意識して音読をします。

(2) 目

「目の大きさを1.2倍にキープして読みましょう」

目を大きくすることで声量がアップします。声を響かせたい時に効果的です。

目線はやや上向きにします。

(3) あご

　基本のあごの位置は少し引いた状態です。のどの奥を大きく広げることができます。

　口形を意識した際に，口をしっかりと開いても，下あごが前に出ないようにします。下あごを真下にストンと下げるようにします。

(4) 耳をふさぐ

　耳をふさぐと突然違う世界に来たかのような錯覚をします。自分の声をしっかりと聞きながら音読ができます。

(5) 体で息を吸う

　「先生は後ろにいても，誰が声を出しているかわかります。なぜでしょう。それは声を出している人は体全体で息を吸っているからです。ただし，肩や胸ではなく，腹での呼吸を意識しましょう」

　体を意識して呼吸することで発声法が磨かれます。

(6) **下半身を安定させる**

　目を閉じて片足で立つと，自然と手でバランスをとるようになります。これは下半身が不安定だと上半身に影響するということです。下半身を安定させることで安定した声が出せるようになります。

　両足を骨盤から肩幅くらいに開き，体重は「足裏前方」にかけ，ひざはリラックスします。

⑨ 経験値を高める「意識化読み」

 無意識に行っていることを意識化する

人の行動は習慣の蓄積です。話し方，聞き方，歩き方，歌い方，音読も過去の経験から行動パターンが決められています。コミュニケーションのレベルを高めるには，無意識に行っていることの比率を減らすことだと言われています。話し方，聞き方のポイントを意識することで，よりよいコミュニケーションが図れるようになります。

音読も同じです。音読のポイントを意識することで表現力を高めることができます。

(1) 小出しにめあてを設定する

「姿勢を意識して音読しましょう。30秒間練習タイムです。どうぞ」

「姿勢」と板書する。

30秒後「姿勢を意識して音読できた人？　素晴らしい。8割の人ができましたね。できなかった人も大丈夫です。まだチャンスがあります。次は，姿勢に加えて口形を意識しましょう。40秒間です。どうぞ」

「姿勢」の隣に「口形」と板書する。

40秒後「口形を意識した人？　姿勢を意識した人？　どちら

も意識した人？　ＯＫです。できなかった人ドンマイ。まだチャンスがあります。次は視線も意識しましょう。黒板のここに視線を集中させます。同じ40秒です。どうぞ」

「視線」と板書する。

というように，少しずつめあてを提示します。

変化のある繰り返しなので意欲を継続して音読ができます。ポイントは「小出し」と「振り返り」です。小出しにすることで１つずつが意識できるようになります。「振り返り」を行うことで意識化できるようになります。

⑵　７の質問読み

音読の観点が理解できてきたら，７の質問読みも取り入れます。音読が終わった後に，

「これから先生が音読のポイントを言います。できているものには指を折りましょう。１つ目姿勢，２つ目口形，３つ目発声，４つ目表情，５つ目声量，６つ目揃える意識，７つ目発声。数えた人は立ちましょう。７点満点の人，手を挙げます。素晴らしい拍手。７点の人は座ります。続いて６点の人，おしい，次はパーフェクトになるといいですね。６点の人座ります。続いて５点の人……」

読んだ後に自己採点をしてもらいます。繰り返し行うことで，事前に音読のめあてを伝えなくても意識化できるようになります。

７つの観点は必要に応じて変更します。また，実態に応じて３つの観点や10の観点にもできます。

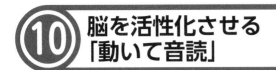

脳を活性化させる「動いて音読」

 運動は脳にいい

　脳を活性化させる方法の1つは運動野を刺激することです。人間は動物で,「動く物」です。体を動かすことでやる気スイッチを押すことができます。

(1) 東西南北読み

「窓側に向かって読みましょう」

「教室の後ろに向かって読みましょう」

「廊下のほうに向かって読みましょう」

「正面に向かって読みましょう」

「教室の中心に向かって読みましょう」

「好きな方向に向かって読みましょう」

　読む方向を変えることで,脳にあるグリッド細胞が活性化して,集中力が高まります。特に長い音読をする時に効果的です。

(2) 歩き読み

「歩きながら読みます。ぶつからないように気をつけて歩き読みしましょう」

　歩きながら読むことで,リズム感のある内容を体感しながら読むことができます。自然とリズムを刻みながら歩いたり,ス

キップしたりする姿が見られるようになります。
「少し速足で」
「ゆっくり歩いて」
「楽しそうに」
など，設定を変えると，楽しさが増します。

⑶　個々人で好きな場所で
「15分好きな場所で音読練習をします。学校の中で休憩時間に行っていいところであればどこでも大丈夫です。校庭も大丈夫です。ただし，他のクラスに迷惑をかけないようにします。それでは15分後に会いましょう」
一人になる時間，孤独に練習する時間を設定することで，音読の内容に正対できます。
発表会の練習や，詩の練習の時に効果的です。
騒がしくなる恐れがある場合は「どんなことに気をつけたらいい？」と問いかける事前指導をしておきます。
いきなりは難しいようでしたら，まずは「教室内で好きな場所で読みましょう」から始めてみます。

⑷　準備運動読み
ジャンプ，伸び，屈伸，肩甲骨ぐるぐる体操，呼吸法，顔をいろいろな形に動かすなど，準備運動を行った後に音読をします。体がほぐされて，リラックスして音読ができます。

11 発見が多い「ビデオ読み」

 1 やっているつもり,できているつもりからの脱却

子どもたちは「やっているつもり」「できているつもり」でも,教師から見たら「やっていない」「できていない」と思えることがあります。

教師　「もっと声を出しましょう」
子ども「これ以上出ません」
教師　「もっと姿勢よく読みましょう」
子ども「僕はきちんとできている」

子どもが「できているつもり」になっていると,変容させることが難しいです。

このような時は,ビデオ撮影が効果的です。客観視できる機会を設定することで,自分の足りない部分に気づくことができます。

口で何度も言わなくても,見れば理解できます。できていないことがわかると,変わろうとするエネルギーが生まれます。

撮影する際の注意点は,最初の数回は恥ずかしがってしまうことです。慣れてくると自然体で撮れるようになります。

2 様々な撮影方法

(1) 一斉音読を撮影

　引いて撮ると何人か目立つ子がわかります。姿勢，口形，呼吸が明らかに突出している子です。全身で音読している様子が他と違い目立ちます。逆に姿勢や，口形など明らかにできていない子も目立ちます。

　よい面で目立っている子は近づけて撮ります。アップにすることで，視線や表情，息遣いなど，細かなところまでわかります。

　できている子を見ることで，優れた音読のイメージをもつことができます。

(2) 班ごとに撮影

　小グループで撮影すると一人ひとりをしっかり見ることができます。ビデオレターのようにスピーチを入れると盛り上がります。

　撮影後，一番印象的な班はどこか，ＭＶＰは誰かなど，映像大賞を行うとよりよく見ることができます。

(3) 個人で撮影

　ビデオやデジタルカメラの動画機能を活用して，子ども同士で撮影ができるようにします。

　見ては修正，見ては修正というサイクルが短時間で何度も行えます。

⑫ 「面白音読」で盛り上げる

🖊 面白さで盛り上げる

　長期休業明けや行事明けは気が抜けており，音読のやる気スイッチが押されにくくなっています。

　また，音読の導入期は声が出にくい場合があります。

　ゲーム感覚の音読を取り入れることで，楽しんでいるうちに声が出せるようになります。

(1)　**教科書逆さ持ち音読**

　教科書を逆さに持ち，読み方は逆さではなく普通に読みます。新鮮な気持ちで読むことができます。

　「逆さに持って読みましょう。サンハイッ」

　「時計回りに90°回してください」

　「では，グルグル回しながら読みましょう」

　「反対回りで読みましょう。酔ってしまいそうな人は無理しないでください」

(2)　**片手ストレッチ読み**

　左手で教科書を持ちます。右手は先生の指示された動きをします。

　「右手人差し指は円（三角・四角・直角三角形・平行四辺形）

を描きながら読みましょう」

「先生の言ったものを出します。グー，チョキ，パー，グー，パー，グー，チョキ……」

「右手を大きくまわしながら。……速くまわして。……逆まわしにして」

並行処理能力が必要で，脳が活性化されます。

(3) BGM音読

映画のサウンドトラックを用意し，BGMを流しながら音読します。内容に合った音楽だと臨場感が出ますし，内容と異なる音楽だと作品のイメージが変わり，楽しめます。

(4) 背中を合わせて読み

背中を合わせることでお互いの呼吸を感じながら音読ができます。相手を意識することで呼吸や声が揃ってきます。一緒に読むことのよさを体感することができます。

(5) 輪唱音読

範読や追い読みで，読みのリズムをつかんだ後に，3～4グループに分け，同音数の定型詩や漢詩を，輪唱のように音読します。楽しみながら群読の基礎につながります。定型詩のリズムが理解できるよさもあります。

『偶成』(朱熹)，『春暁』(孟浩然)，『尋胡隠君』(高啓)，『平家物語（冒頭)』，『いろは歌』，『あひるのあくび』(まきさちお) などがおすすめです。

(6) **文節区切り読み**

文節の切れ目に現代語の「ネ・サ・ヨ・ナ・ノ」や古語の「なむ（なん）」を付けて読みます。

　吾輩はネェ　猫でネェ　あるネェ。　名前はネェ
　吾輩はヨォ　猫でヨォ　あるヨォ。　名前はヨォ

というように、読むことでリズムが生まれ、楽しみながら音読できます。文節の理解もできます。

(7) **文末変換読み**

文末に「ぜ・わ・よ・ね・の・べ・だべ・ぞ・さ・な・とも・かしら」を付けて読みます。文末によって印象が違う面白さを体験できます。どの言葉が一番合うか、もしくは一番面白いかをグループで考え発表し合うと言葉に対しての関心が高まります。

　メロスは激怒したぜ。　　メロスは激怒したわ。
　メロスは激怒したよ。　　メロスは激怒したの。
　メロスは激怒したべ。　　メロスは激怒したな。
　メロスは激怒したぞ。　　メロスは激怒したとも。

(8) **振り付け読み**

内容に合った振り付けをしながら読みます。

「全てに振り付け」をすると、とにかく動き回らないといけなくなり、盛り上がります。

「共通振り付け」として、共通の動きを決めると、一体感が醸し出されます。

⑼　口パク音読合戦

　小グループで１つ詩を決めます。口パクで読み，何の詩を読んでいるか他のグループがあてます。口形や表情が自然と高まります。

⑽　聖徳太子音読

　小グループが前に出て一人ひとりが違う内容の音読を10～20秒程度行います。聞いている人は誰が何を読んだかあてます。スポットライトが全員にあたります。

⑾　おんぶ読み

　おんぶしながら音読します。腹から声を出すことを体験できます。おんぶされたほうも一緒に読むと，さらに盛り上がります。
　『風の又三郎』（宮沢賢治），『道』（アントニオ猪木）など，力強い作品がおすすめです。

⑿　メロディ音読

　有名な曲の替え歌で音読します。楽しみながら声が出せ，暗唱にも適しています。
　例えば，『きらきら星』で二十四節気（小寒大寒立春雨水啓蟄春分清明穀雨♪），『ロンドン橋落ちた』で黄道十二星座（牡羊牡牛双子蟹獅子乙女♪）など。
　メロディ音読は，鈴木夏來先生が教育サイト「EDUPEDIA」の『よみま将軍』の中にまとめられています。

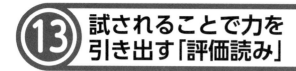

⑬ 試されることで力を引き出す「評価読み」

 評価を入れて音読力を高める

ただ読むよりも、めあてをもって学習することでより多くの学びを得ることができます。

さらに「評価」を加えることで、「めあて」を達成しようする意識や、振り返りの質が高まります。

(1) 教師による個別評定

事前に評価基準を示し、1人ずつ音読をさせて評定をします。全員一気に行うため読む範囲は短くします。

声に張りがあって、つっかえない…A,

つっかえない…B,

間違える…C

など、3段基準がわかりやすいです。

(2) 個人　スケーリング

「音読3点満点で何点でしょう？　点数を決めた人は、点数の理由も考えてください」

「考えた人立ちます」

「3点だった人？　拍手〜」

「2点だった人？　何が足りなかったですか？」

「1点だった人？　何ができていましたか？」

振り返りで得点化による客観視を行い,できていること,できていないことを明らかにします。

最後に,「次は何点を目指しますか」とめあてをもてるよう声かけをします。

(3)　ペア

教科書を読み手と聞き手で交換します。聞き手は読み手が間違えたところを教科書にチェックします。

チェックすることでつまずきのポイントがわかります。

読み終わったら間違えた場所を伝えます。間違えた場所を集中して練習します。スラスラ読めるようになったらチェックを消します。

(4)　グループ

グループで一人ずつ読みます。全員が読み終わったら,「せーの」で一番よかった人を手の平で指します。その後,なぜ選んだのか理由を聞き合います。

聞き手は,評価することでよりよい音読を見分けるアンテナが高まります。

読み手は,他者がいることで自身の音読を客観視しやすくなり,改善への意識をもてます。

ポイントは評価観点を決めておくことです。人間関係ではなく,評価ポイントをもとに判定できるようにします。

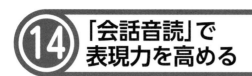

⑭ 「会話音読」で表現力を高める

 1　会話文だけで音読すると

　会話文のみの音読をすると，状況を全て音読で表現する必要が出てきます。また，会話文は相手とのかけあいなので，聞き合う姿勢が育まれます。朗読や劇への布石としても活用できます。

 2　教材

(1)　物語文

　教科書を中心として会話文が多いものであればどれでも大丈夫です。地の文は読まずに，会話文のみ読みます。

　『わらぐつの中の神様』（杉みき子）のように，子ども，母親，祖母といったような様々な登場人物が出るものがおすすめです。

(2)　脚本集

　図書室に劇の本があるのでそれを活用します。

　鴻上尚史，野田秀樹，中島かずき，成井豊など，プロの劇団の戯曲本も，実態や好みにあったものがあればそれらを活用すると楽しく音読できます。

(3)　漫才台本

　かけあいや間が意識できるようになります。

　Ａ「そうそうそう，めっちゃ安い店見つけたねん」

B「えっ,何の店」
A「シャツが150円,セーター300円」
B「安っ,めっちゃ安」
A「さらになんとスーツが700円,あっ,あの店や」
B「クリーニング屋じゃねぇか,もうええわ」
A・B「ありがとうございました!」

3 「会話音読」のポイント

(1) **配役の決め方**

いきなり配役を決めるのではなく,まずは全員が順番に役割を交代して読みます。その後,もっとも適当だと思う人に配役を決めます。

(2) **男女交代**

男女が登場する場合,男女逆にすると盛り上がります。

(3) **動作化**

「一人一度だけ動作を入れましょう」「アクセントとしてにぎやかになりすぎない程度に動作を入れてもOKとします」など,動作に意識が行きすぎないよう制約を入れて動作化も認めると表現方法が広がります。

(4) **多少変えてもいい**

「方言にする」「犬猿雉を違う動物にする」「かよわい・元気などキャラづくりをする」など,作品に少し手を入れてもいいとすると表現方法が多様になります。

⑮ 演じて伸ばす「なりきり音読」

1 チェンジングポジション

「もし〜だったら」と、特殊な状況や、誰か他の人になりきって音読をします。上手な人をモデルにすればよりよい音読に、特別なキャラや様々なシーンを設定すると表現読みの布石とすることができます。

2 様々なシチュエーションを用意

(1) ○年生になったつもりで

当該学年よりも上の学年を設定します。3年生なら「4年生になったつもりで」という具合です。

「間違えない」「速さと間を意識しましょう」などと言わなくても、音読のポイントを知らせておくと、注意して高めようとする姿が見られます。

上達してきたら、続けて5年生なら、6年生ならと、学年を少しずつあげてきいきます。

(2) あなたはアナウンサー

読み始める前に「プロのアナウンサーはどんなことに気をつけて読んでいると思う？」と問いかけます。

「落ち着いている」「視線が前を向いている」「笑顔／深刻な顔」「聞き取りやすい速さ」など、様々出ます。その後に「で

は，アナウンサーになったつもりで読みましょう」とすると，いつもと異なる音読の姿が見られます。

(3) **人生最良音読**

「今までの人生で一番上手な読み方を披露しましょう」「最高にハッピーな気持ちで読みましょう」など，自分のコンディションやレベルを設定して読むことで，自分の中の可能性に気がつくことができます。

(4) **シチュエーション読み**

図書室の中で，水の中で，校長室まで聞こえる声で，朝日に向かって，赤ちゃんに向かって，朝会で全校生に向かって，休み時間の校庭で，怒りながら，微笑みながら，ダブルピースをしながら，爆笑しながら，寝言で，独り言で，教えているように，感心してなど，シチュエーションを決めて読みます。ＴＰＯに合った声の出し方を考えられるようになります。

(5) **モノマネ読み**

マダム，外国人，ラッパー，ミッキーマウス，ドラえもん，ピカチュウ，バルタン星人，戦場カメラマン，赤ちゃん，幼稚園児，20歳，30歳，50歳，77歳，100歳，200歳など，人物を設定して読みます。

読み方の幅が広がります。子どもたちにシチュエーションやモノマネの人物を考えさせると流行しているものがわかります。意欲も増します。

⑯ 音読の先にある「朗読」

 1 「朗読」のゴールは

朗読の目標は,「作品の価値や特性を音声で表現すること」です。

作品を読み取り,作品の価値や特性を心で意識することにより,表現力が高まります。声は「体」だけでなく,「心」とも強く結びついているからです。

楽しい声は,「幸せ」,「喜びを分かち合いたい」という気持ちが伝わります。怖いときの声は「嫌だ」,「助けて」ということを伝えています。好きな人に話しかける時に,声が違った感じになるのは,「あなたを特別な人です」という意味を伝えています。

「心」に加えて,スキルも意識することで表現力が高まります。

朗読の3大スキルは「表情(視線)」「音の強弱」「間・速さ」です。

 2 「表情(視線)」

メラビアンの法則で印象の半分以上は視覚的な情報であると言われているように,表情は強い影響力をもちます。その中でも「目は口ほどに物を言う」というように,心理学的にも,生

理学的にも「目は心の状態を表す」重要なポイントと言われています。

伝達力という観点からも目による力は大きく，視線を合わせることで心が通じます。視線は，1〜2秒合わせることで相手に伝わります。短い時間だと目が合ったと認識されません。3秒を意識するぐらいがちょうどいいようです。

また，目に力を込めることで，「作品に魂がこもる」ことを感じられます。目に力がないと，どんなに工夫しても相手の心にメッセージが届きにくくなります。

 ## 3 「音の強弱」と「間・速さ」

表現方法を「音の強弱」と「間・速さ」と単純化することにより，平坦な表現から立体的な表現へと高めやすくなります。

声量の強弱の高め方では，声のスケーリング（尺度）を設定します。普通の声の大きさを3として，やや小さめは2，小さい声は1とします。同じように大きな声を4，5とします。強調したいところ，大切なところの声量を4もしくは5で読みます。小さく表現したほうが伝わる場合は2もしくは1にします。

速さも同じです。基本を3として内容に合わせて速くしたり遅くしたりします。

基本の「声量」や「速さ」をもちます。そこからの変化によって，心を表現します。

⑰ 作品を鑑賞する

 1　朗読のための鑑賞方法

朗読は作品を鑑賞し，その内容を表現することです。朗読は，まず内容を理解することから始まります。

 2　理解する

(1) 作品テーマを考える

「ズバリ，この作品でのテーマは何でしょう」

「作者が言いたいことは何でしょう」

「一番大切な一文はどれでしょう」

など，テーマに関することを発問します。個々人がノートに書いた後，発表し，板書します。

```
やまなしのテーマ
A　生と死
B　死の悲しさ
C　成長
D　クラムボン
E　やまなし
F　再生
G　生の喜び
H　自然界の厳しさ
I　生命のつながり
J：
```

どのテーマが適当かノートに記号を書きます。小グループや全体で意見交換し，もっとも正しいもの，もっとも深いものを

1つに絞ります。

(2) お気に入りの箇所を見つける

「もっとも心に響いた（お気に入りの）箇所1つに丸をしましょう」。一文を選ばせ，横にその理由を書かせる活動によって作品と向き合うことができます。

(3) 意味の理解にとどまらない

「狂喜乱舞」「血気盛ん」などの感情表現に出会った時，辞書的理解で終わらずに，その口調で音声表現をさせます。

 3 **深める**

(1) イメージ化

「『広い公園』とありますが，どれぐらい広いのでしょう」

「学校の校庭ぐらい」「桜公園ぐらい」「東京ドーム4個分ぐらい」「見渡す限り公園」「1日ではまわりきれないぐらい」「太平洋より広い」など，様々な意見が出ます。

「校庭を思い浮かべて読みましょう」「太平洋の広さをイメージして読みましょう」など，様々な状態で読みます。

(2) 作品に向き合う

作品をただの文章として捉えるのではなく，作者の思いが込められている文章だと思って接するようにします。

音読をした時は「上手に読めたか」だけではなく，「望ましい心構えや態度で読めたか」を振り返るようにします。

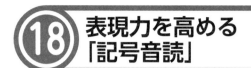

記号で表現にアプローチする

鑑賞することで,表現ができるようになります。

「伝えたいという思い」が一番大切ですが,気持ちは目に見えず漠然としています。

目に見えるものでアプローチすると表現がしやすくなります。その1つとして音読記号があります。文章に音読記号を書き入れることで,読む時の意識が変わります。

ポイントは,まず一文を決め,そこから工夫を始めることです。最初から全てを考えようとすると,あれもこれもと書き込んでしまったり,逆に悩んで進まなかったりして本丸に辿り着く前に力尽きてしまいます。

まず1つに取り組みます。そうすると核ができます。あとは工夫できることを可能な範囲で広げていきます。

⑴ 音読記号

音読記号を書き込みます。

クラスで統一することで,互いに見合った時にすぐに理解し合えます。

基本的に音読記号で書き込むようにしますが,音読記号で表現できないものは自由記述で書き込みます。

音読記号										
	＜	‖	:	↓	〜	○	♯	♭	♪	↘
	間を空ける	強く	弱く	速く	ゆっくり	はっきり	高く	低く	昇調	降調

(2) 演奏記号

　音読記号よりもバリエーションに富んでいます。また世界共通の記号なので，次の学年以降になっても汎用性が高く，継続して活用できます。音読記号が使いこなせるようになったら発展として扱います。

　例えば，強弱記号の「強い」に関するものでは「メゾフォルテ（少し強く）」，「フォルテ（強く）,」「フォルティッシモ（とても強く）」，「フォルティッシシモ（極めて強く）」，「クレッシェンド（だんだん強く）」，「フォルテピアノ（強く，すぐ弱く）」などがあります。強い1つをとってみても様々な表現が可能になります。

　いくつか紹介し，後は音楽の教科書を参考にすることや，一覧を用意して自由に使えるようにします。

⑲ 表現の幅を広げる動作読み

1 音読表現のアクセント

　朗読は基本的に声と表情で表現します。そこに，動作化やジェスチャーを加えることで，表現の幅が増えます。

　動作を考えることで読みも深くなります。

　読む時のアクセントになり，繰り返し音読する場合に飽きのカンフル剤の効果もあります。

　しかし，動作に意識をとられすぎると，音声言語がおろそかになりがちです。全てにおいてではなく「一番盛り上がるところ」「限定２ヶ所」など，回数の制約を決めておくといいでしょう。

2 キーワード・キーフレーズ動作読み

　キーワードやキーフレーズに着目し，その部分で決まった動きをします。いきなり動作を取り入れましょうと言ってもどうしていいかわからない場合があります。

　まずは特徴的なキーワードやキーフレーズで，見通しをもったり，動きを入れる楽しさを味わったりします。

　いくつか例をあげます。

・『そうだ村の村長さん』（阪田寛夫）で，詩の中の「そうだ」の部分だけ拳を斜め前につき出す。

・『大きなかぶ』の「うんとこしょどっこしょ」の部分を動作化する。動作を意識すると，リズミカルに音読できなくなります。音読から朗読につなぎやすい教材です。
・『われは草なり』（高見順）では，「われは草なり」の部分だけ肘を伸ばして手の平を頭の上で揃えます。
・『力の限り』（坂村真民），『あなたが生きる今日が素晴らしい』（きむ）など，メッセージ性の強い詩では，まず漢字の部分だけ強く読みます。慣れてきたら動作を入れます。両手を挙げ，手の平を胸の前にもってきて，漢字の部分の時は手を前に出しながら読みます。

3　基本的なジェスチャー

「数字を指で表現する」「大きさは両手を横に広げる」「上昇は右手を挙げる」「協調は力強く上から下へ動く」「優しさはゆっくり下から上へ動く」「過去は右側，未来は左側」など，基本的な動作を教えます。

4　自分たちで考える

内容と範囲を決め，「1箇所に動作を入れましょう」と考える時間を設定します。最初は小グループで考えたほうが多様な意見が出やすいです。

順番に発表し，実際に全員でやってみます。人気の高かったものは全員で行うようにします。

慣れてきたら，個人で考えることや，同じ箇所でコンテストを行うと多様な読みが生まれ，表現の幅が広がります。

⑳ 表現することが楽しくなる「群読」

1　「群読」とは

群読とは,「複数の読み手で,読み方を工夫して朗読すること」です。呼応の朗読です。

複数の読み手により,表現に厚みと奥行きが構成され,立体的な表現や迫力ある表現ができるようになります。

協力して表現することで,音読する楽しさを味わいやすく,表現力を磨いたり,社会性を育んだりもできます。

2　「群読」の進め方

(1) 作品に出会う

範読,斉読,追い読みなどで正しい読み方を知る。

(2) 読み方を決めて練習する

　(A) 台本作り（どう分けるか）

　　※最初は教師が群読台本を用意する。慣れてきたら自分たちで台本づくりをする。

　(B) 分担決め

　(C) 練習

(3) 発表

お互いの群読を味わう。

3 「群読」技法

　群読の技法を知ることにより，より楽しく，表現がより豊かになります。まずは技法を紹介し，よさが体感できると活用しやすくなります。

(1) **ソロ・アンサンブル・コーラス**

　ソロは「一人で」読む。「一人が」読むのではないので，順番に読んでもいい。アンサンブルは少人数で読む。コーラスは大勢で読む。深みや迫力が出る。

(2) **漸増**

　読み手がだんだん増えていく。勢いや強調が表現できる。

(3) **漸減**

　読み手がだんだん減っていく。勢いが弱まっていく様子が表現できる。

(4) **輪唱**

　もとになる文を読んだ後，規則的に追いかけて読む。盛り上げる効果や誘う効果，フェイドアウトを表現できる。

(5) **繰り返し（リフレイン）**

　オノマトペや中心となる言葉を繰り返し読む。

　例えば，『風の又三郎』なら，常に「どっどど　どどうど　どどうど　どどう」が繰り返される。ムードをつくる。

(6) **つけたし**

　作品を大切にすることから，基本的に作品の文言は変えないが，目的に応じて可能とする。メッセージや工夫を言葉で表現できる。

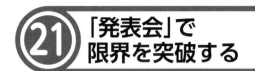

㉑ 「発表会」で限界を突破する

1 成長する場づくり

子どもたちが成長する機会は大きく分けて2つあります。

1つは、日々の積み重ねです。スポーツでは上達のためにいきなり試合、いつも試合ということはありません。基本的な練習を積み重ねることで力をつけます。

もう1つは、大きな舞台に挑戦することです。プロでも世界選手権やワールドカップなど大きな舞台があることで、それに向けた準備ができ、ドラマが生まれ、真剣勝負の中で力を伸ばすことができます。

発表会は両方のよさがあります。日頃のがんばりを生かせます。大きな舞台が用意され、そこに挑戦していく過程で大きな学びがあります。

2 発表会の場面

(1) 研究授業

「みんなの音読のレベルが試される時がきました。他の先生にどのように感じてもらいたいですか？」。音読のレベルにも意識を向けることができます。

(2) 授業参観・学習発表会

「家の人に成長した姿を見てもらいましょう。特にどんなと

ころを家の人に見てもらいたいですか？」。成長を意識した発表ができます。

(3) 単元のまとめ

「今音読したら，最初に読んだ時と何か違った読み方ができるかな？」。学習したことを音声言語で表現します。

3 発表会を成功させる

(1) 言語意識

誰に対して行うのか（相手意識）と何のためにするのか（目的意識）を明確にすることで表現力を高められます。

(2) 非日常感を演出

ステージ，ＢＧＭ，賞状，トロフィー，机の配置，会場，装飾などを工夫することで，緊張感を高められます。

(3) 行事と関連させる

行事とセットにすることで相乗効果が生まれます。

例えば，学習発表会の前に音読発表会を設定します。表現への意欲や技術を高めた上で，学習発表会につなげます。学びを生かしてさらなる成長を遂げることができます。

(4) 日常に生かす

振り返りを行い，「今回の学びは明日の授業でどう生かせるかな」と声かけをすることで次に生かせます。

(5) 他のクラスを招待する

一番の刺激は子ども同士です。上級生なら胸を借りられますし，下級生や同級生なら背伸びした力が出せるようになります。

協力して優勝を目指す「群読トーナメント」

1　「群読トーナメント」とは

群読トーナメントは「班同士の対抗で群読を行い，グランプリを決める」というものです。

優勝を目指す中で「音読への意欲」「表現する力」「協力する力」などを育むことができます。

個人では難しい表現活動も，グループで行うことによりハードルを下げることができます。

2　「群読トーナメント」の流れ

(1)　準備

くじで対戦相手を決める。

班で1つ詩（教科書の読む範囲）を決め，練習を行う。

(2)　群読対決

班対抗で音読を発表し，聞いている人全員でジャッジ。

(3)　優勝を決める

勝ったチームは勝ち進む。

3 「群読トーナメント」のポイント

★ジャッジポイントを決める

「よい音読（群読）は何か」について話し合います。

「声量」「姿勢」「視線」「口形」「間」「速さ」「気持ち」「協力」「工夫」など，様々な観点が出されます。

その中でベスト３を決め，評価項目とします。

評価項目が設定されることにより，めあてをもった活動ができます。

 ## 4 感想を言うタイミング

結果発表の前に，感想を聞き合うようにします。

結果発表の後だと，興奮状態で感想が入ってこないこともあります。

片方だけでなく両方のよさを発表してもらうことで，互いのよさに気づき合うことができるようになります。

 ## 5 ２つ以上準備

トーナメントで勝ち進むと，１チーム２～３回発表することになります。最低２つは準備します。

複数準備することは大変ですが，その分，様々な表現活動にふれ，力をつけることができます。

２つ披露できず敗退したチームには，決勝戦前にエキシビジョンマッチとして発表の機会を設けるようにします。

音読の祭典 「読む－1グランプリ」

1 「読む－1グランプリ」とは

「読む－1グランプリ」とは，音読を発表し合いグランプリを決める音読大会です。

大きな舞台が設定されることで音読への意欲が高まります。極度な緊張体験は得られるものがたくさんあります。成功体験は自信になり，上手くいかなかった経験は次への糧となります。また，真剣勝負だからこそわかることがあります。

2 「読む－1グランプリ」の手順

(1) 準備

それぞれが発表したい作品を決めます。

相手意識や目的意識，詩のテーマを考えるなど，音読への思いを高めます。

群読トーナメントと同じようにジャッジポイントを決めます。

ジャッジポイントに加え，姿勢，口形，視線などの音読の基本や，音読記号や読み方を書き込んだものを意識して練習します。

(2) 予選

3人1組で詩を読み合い，一番よかった人を手の平で指しま

す。指された数がポイントです。メンバーを変え，全部で7回程度行います。

　決勝は代表者のみが出場します。予選の段階で全員が音読に対して満足感がもてるよう，十分に発表と振り返りの機会を保障します。

　予選会を終えた後に，一番よかった人を用紙に書いて出します。ここで選ばれたら1票につき1ポイントです。

　ポイントの総合計の上位者が，後日決勝に進出します。

(3) **敗者復活戦**

　予選の日にお休みだった子や再度挑戦したい子で敗者復活戦を行います。決勝の数日前までに行います。

(4) **決勝**

　代表者数は，5〜8名が適当です。一人ずつ発表し，全員が発表し終わった後に，一人3票で投票し，上位3名がファイナルへ進出します。

(5) **エキシビジョンマッチ**

　決勝に参加しないメンバーを2〜4グループに分け，群読のエキシビジョンマッチを行います。

(6) **ファイナル（決勝と同日）**

　3名が発表し，一人2票で投票し順位を決めます。

㉔ 人生を豊かにする百の詩

 百の詩

　筑波大附属小学校の二瓶弘行先生の実践に『百の詩』があります。これは，子どもたちに与えたいと選んだ詩をオリジナルで編纂したものです。視写，音読，暗唱教材として活用します。言語活動を豊かにします。

　私も編纂し，現在は約200作品を載せています。

　詩だけでなく，格言や古文，名文の冒頭文，スピーチや作文など様々な種類の作品も載せています。

　サイズは，Ｂ５判に１編の詩だったものを，現在はＡ４判２編にしました。

　様々な詩に触れる中で，お気に入りの詩や文，言葉に出会い，人生をより豊かにしていけることを願っています。

　収録されているものは次のような作品です。

　五十音，発声法，早口言葉，寿限無，なにかをひとつ，いろは歌，一番始めは，たんぽぽ，大漁，私と小鳥と鈴と，こだまでしょうか，行為の意味，男はつらいよ，道，うんこ，カマキリ，てがみ，竹，われは草なり，樹の心，あたりまえのこと，鉄棒，太陽にむかって，あなたへ，ただいるだけで，道，その人，北の春，冬が来た，天，自分のことばで，そうだ村の村長さん，歌の町，心に太陽を持て，教室はまちがうところだ，火

をかこんで，世界は一冊の本，祝婚歌，力のかぎり，仰げば尊し，人生いろいろあるさ，野火，心，生きる，また　あいたくて，ありがとう　みんな，わたりどり，今日はきのうの続きだけれど，かぜのなかのおかあさん，東京タワー，小さき者へ，1ですか，仁義，風の又三郎，雨ニモマケズ，自分の感受性くらい，旅上，言葉なき歌，小景異情，初恋，レモン哀歌，あなたが生きる今日が素晴らしい，俳句，百人一首，諺・格言，二十四節気，君死にたまふことなかれ，戦争はよくない，古今和歌集「仮名序」，日本国憲法前文，教育基本法，古事記（天の岩屋戸），新約聖書，般若波羅蜜多心経，カタカムナ，偶成，春暁，春望，尋胡隠君，歳月人を待たず，孫子，論語，御遺訓，西国立志編，因果を知る，修学の四標的，富嶽百景　跋文，竹取物語，枕草子，徒然草，平家物語，がまの油，方丈記，奥の細道，犬の十戒，暦，天国言葉，十訓，それでもなお人を愛しなさい，最後だとわかっていたなら，朝日のような夕日をつれて，半神，阿修羅城の瞳，ロミオとジュリエット，あいかわらずなボクら，虹，True Colors，inaugural address，支えの心情，運を味方にする達人，平穏無事な日の体験，スタンフォード大学でのスピーチ，放浪記，100万回生きたねこ，子連れ狼，たけくらべ，羅生門，夜明け前，坊ちゃん，草枕，走れメロス，山椒魚，金色夜叉，金閣寺，ライオンと魔女，学問のすゝめ，曽根崎心中，氷川清話，アンネの日記，腰骨の詩，はきものをそろえる，君が代，PLAY FOR JAPAN，他。

あとがき

　音読実践が不安定な時期がありました。それは，高学年の担任を任された時です。中学年の子どもたちのように声が出ません。音読は，下火となり，学級づくりも上手くいきませんでした。

　そんなある日，初任の時の子どもたちと思い出話をする機会がありました。彼らの口から出てきたのは「音読」でした。「暗唱したものは今でもスラスラ言えます」「たまに音読をしていて元気になる」という話も聞きました。数年経っていても残っていたものは，また力として形成されていたのは，年間を通して行っていた音読でした。

　「継続したものしか残らない」という思いをもち，再度，音読に向き合うようになりました。当初，数える程しかなかった指導方法は100を超えました。現在は，学級開き，授業参観，研究授業，行事など様々な場面で音読を行っています。学級経営の軸となっています。

　本書では，継続してきて効果のあったものを整理してまとめました。この本が全国の子どもたち，先生方の楽しくためになる授業づくり，学級づくりの一助になれば幸いです。

　最後になりましたが，このような機会をいただいた堀裕嗣先生をはじめ，執筆にあたり多くの方にお力添えをいただきました。子どもたち，同僚，サークル仲間，家族，そして最後まで読んでいただいたあなたに心から感謝いたします。ありがとうございました。
　　　　　　　　　　　　　　　　　　　　　　山田　将由

【引用及び参考文献】

- 青木　幹勇『音読指導入門』明治図書出版
- 荒木　茂『表現よみ入門─その理論と実際』一光社
- 荒木　茂『音読指導の方法と技術』一光社
- 家本　芳郎『いつでもどこでも群読』高文研
- 伊藤　経子『音読の授業』国土社
- 井上　和信『15分で基礎学力』北大路書房
- 上田　渉『勉強革命！「音読」と「なぜ」と「納得」が勉強力とビジネス力をアップさせる』マガジンハウス
- 陰山　英男『本当の学力をつける本─学校でできること家庭でできること』文藝春秋
- 陰山　英男『陰山メソッド徹底反復「音読プリント」』小学館
- 川島　隆太『「音読」すれば頭がよくなる』たちばな出版
- 川島　隆太・安達　忠夫『脳と音読』講談社
- 杉田　久信・久保　齋『基礎学力をつける22のテクニックと５つの柱』清風堂書店
- 教育文化研究会『力のつく音声言語学習50のアイディア』三省堂
- 鴻上　尚史『発声と身体のレッスン　増補新版─魅力的な「こえ」と「からだ」を作るために』白水社
- 齋藤　孝『声に出して読みたい日本語』草思社
- 齋藤　孝『齋藤孝の脳いきいき！大人の音読プリント』小学館
- 齋藤　孝・さくら　ももこ『ちびまる子ちゃんの音読暗誦教室』集英社
- 齋藤　達也『１日10分の「音読」で国語の成績は必ず上がる！』あさ出版

- 篠原　さなえ『人生が変わる声の出し方』すばる舎リンケージ
- 白石　謙二『世界一簡単に自分を変える方法』フォレスト出版
- 杉田　久信『基礎学力はこうしてつける』フォーラム・A
- 杉田　久信『奇跡の百人一首　音読・暗唱で脳力がグングン伸びる』祥伝社
- 杉藤　美代子・森山　卓郎『音読・朗読入門』岩波書店
- 高橋　俊三『音読の響き合う町―田口小国語教室からの発信』明治図書出版
- 竹田　幸正『音読・朗読による国語教室』教育出版
- 谷　和樹・溝端　達也『音読・暗唱の効果的な指導スキル＆パーツ活用事典』明治図書出版
- 谷崎　潤一郎『文章讀本』中公文庫
- 二瓶　弘行『"夢"の国語教室創造記』東洋館出版社
- 二瓶　弘行『いまを生きるあなたへ贈る詩50』東洋館出版社
- 野口　芳宏『野口流　教室で教える音読の作法』学陽書房
- 野口　芳宏『教室音読で鍛える〈上〉』明治図書出版
- 伴　一孝『伴一孝「向山型国語」で力をつける〈第５巻〉どの子も伸びる漢字・音読指導のステップ』明治図書出版
- 堀　裕嗣『国語科授業づくり入門』明治図書出版
- 堀　裕嗣・山下　幸・研究集団ことのは『目指せ！国語の達人　魔法の「音読ネタ」50』明治図書出版
- 福田　健『人は「話し方」で９割変わる』経済界
- 瀬川　栄志・福本　菊江『音読・朗読・暗唱で国語力を高める』明治図書出版
- 松永　暢史『子どもを伸ばす音読革命』主婦の友社

・百瀬　昭次『毎朝15分間の音読』エイチアンドアイ
・山根　僚介『だれでも使える簡単パソコン素材集』小学館
・吉田　忍・山田　将由『トップ１割の教師が知っている「できるクラス」の育て方』学陽書房
・渡辺　美紀『言いたいことは１分で！10倍伝わる話し方』幻冬舎

【著者紹介】

山田　将由（やまだ　まさよし）

神奈川県横浜市立本牧小学校教諭。2009年授業づくりネットワーク東京大会Mini-1グランプリ優勝，2012年第2回JUT全国大会優勝（共に模範授業全国大会）

一流の教育者に学び，ミニネタ，読み書き計算，ワークショップ型授業，脳科学，コーチングを取り入れた，簡単で効果のある楽しい教育メソッドを日々深めている。

『最高のチームを育てる学級目標　作成マニュアル＆活用アイデア』『THE 学級マネジメント』『THE 学級経営』『THE ミニネタ力』『ゼロから学べる仕事術』『教師のための「マネジメント」』（以上，明治図書），『トップ1割の教師が知っている「できるクラス」の育て方』『「学び合い」スタートブック』（以上，学陽書房）など，共著書多数。

THE 教師力ハンドブックシリーズ
音読指導入門
アクティブな活動づくりアイデア

2016年2月初版第1刷刊 2017年6月初版第4刷刊	©著　者	山　田　将　由
	発行者	藤　原　光　政
	発行所	明治図書出版株式会社

http://www.meijitosho.co.jp
（企画）及川　誠　（校正）井草正孝
〒114-0023　東京都北区滝野川7-46-1
振替00160-5-151318　電話03(5907)6704
ご注文窓口　電話03(5907)6668

＊検印省略　　　　　　組版所 藤原印刷株式会社

本書の無断コピーは，著作権・出版権にふれます。ご注意ください。

Printed in Japan　　　　ISBN978-4-18-169015-1
もれなくクーポンがもらえる！読者アンケートはこちらから →

THE教師力ハンドブック

アクティブ・ラーニング時代の教室ルールづくり入門

子どもが主体となる理想のクラスづくり

西川 純 著

> アクティブ・ラーニング時代の教室ルールづくりはこれだ!

「アクティブ・ラーニング時代の規律づくりは子ども主体でアクティブに!」教師の表情と声による統率から、子ども主体のルールと規律づくりへ。あの気になる子には誰の言葉がけが有効なのか。新しい教室ルールづくりの基礎基本と理想のクラスづくりのヒントが満載です。

四六判 144頁
本体 1,600円+税
図書番号 1965

THE教師力ハンドブック

サバイバル アクティブ・ラーニング入門

子どもたちが30年後に生き残れるための教育とは

西川 純 著

> AL入門第2弾。求められる真の「ジョブ型教育」とは?

AL入門、待望の続編。子ども達に社会で生き抜く力をつける授業づくりとは?「答えを創造する力」「傾聴力」「発信力」等、教科学習だからこそ得られる社会的能力が未来を切り拓く!求められる真の「ジョブ型教育」とアクティブ・ラーニング時代の教育の極意を伝授。

四六判 144頁
本体 1,660円+税
図書番号 2220

学級を最高のチームにする極意

気になる子を伸ばす指導

小学校編 / 中学校編

成功する教師の考え方とワザ

赤坂 真二 編著

> 「気になる子」を輝かせる!関係づくりと指導の極意

「困ったこと」ではなく「伸ばすチャンス」。発達が遅れがちな子、不登校傾向の子、問題行動が多い子、自己中心的な子や友達づくりが苦手な子など、「気になる子」を伸ばす教師の考え方・指導法について、具体的なエピソードを豊富に紹介しながらポイントをまとめました。

小学校編
A5判 144頁 本体 1,660円+税
図書番号 1856

中学校編
A5判 144頁 本体 1,660円+税
図書番号 1857

THE教師力ハンドブック

ハッピー教育入門

主体性&協働力を伸ばす秘訣

金 大竜 著

> 子どもから全ては始まる!ハッピー先生の教育入門

子どもは皆、素晴らしい力を持っています。一人ひとりの力が発揮され個性を磨くには、教師が子どもと向き合い成長を手助けすることが大切です。困り感から自立に向けた「主体性」の養い方、競争のみで終わらない「協働力」のつけ方。答えは目の前の子ども達にあります。

四六判 128頁
本体 1,500円+税
図書番号 1689

明治図書 携帯・スマートフォンからは **明治図書ONLINEへ** 書籍の検索、注文ができます。 ▶▶▶

http://www.meijitosho.co.jp ＊併記4桁の図書番号(英数字)でHP、携帯での検索・注文が簡単に行えます。

〒114-0023 東京都北区滝野川7-46-1 ご注文窓口 TEL 03-5907-6668 FAX 050-3156-2790

＊価格は全て本体価表示です。